Gorau Chwarae
Cydchwarae

DYLAN EBENEZER

ISBN: 978 1 78461 248 1
Argraffiad cyntaf: 2016

Mae'r prosiect Stori Sydyn/Quick Reads yng Nghymru
yn cael ei gydlynu gan Gyngor Llyfrau Cymru
a'i gefnogi gan Lywodraeth Cymru.

Argraffwyd a chyhoeddwyd gan
Y Lolfa, Talybont, Ceredigion SY24 5HE
gwefan www.ylolfa.com
e-bost ylolfa@ylolfa.com
ffôn 01970 832 304
ffacs 832782

Cynnwys

Rhagair

Deffrais ar fore fy mhen-blwydd yn 19 oed gyda chur pen a thorcalon. Cwrw cryf Caerdydd oedd wedi achosi'r cur pen. Paul Bodin oedd wedi achosi'r torcalon.

Roedd tîm pêl-droed Cymru wedi colli yn erbyn Rwmania y noson gynt yn y gêm olaf yn y grŵp rhagbrofol ar gyfer Cwpan y Byd 1994. Tasen nhw wedi ennill byddai sêr fel Ian Rush a Mark Hughes ar eu ffordd i America ar gyfer y gystadleuaeth fwyaf yn y byd pêl-droed. Ond colli oedd eu hanes, 2–1, yn erbyn Gheorghe Hagi a'i gyfeillion. Mae'n bosib bod rhai ddim hyd yn oed yn cofio'r sgôr erbyn hyn. Ond mae pawb yn cofio Paul Bodin.

Ar ôl rheoli yn gynnar roedd yr ymwelwyr wedi mynd ar y blaen, diolch i'r dewin Hagi. Ond gyda hanner awr yn weddill roedd y gêm yn gyfartal. Sgoriodd Dean Saunders ac o fewn dwy funud, gyda'r cefnogwyr yn dal i ddathlu gôl Deano, daeth cic o'r smotyn i Gymru. Roedd yna deimlad o anghrediniaeth lwyr yn yr hen stadiwm genedlaethol yng Nghaerdydd. Dyma oedd y cyfle mawr – yr eiliad fawr.

Roedd llygaid pawb ar Paul Bodin, y cefnwr chwith oedd mor ddibynadwy o'r smotyn. Fel arfer. Tarodd Bodin y bar a thorrodd fy nghalon. Roedd digon o amser ar ôl ond roedd rhywbeth wedi newid ar ôl yr eiliad honno. Roedd y fflam wedi'i diffodd a'r chwaraewyr fel tasen nhw wedi derbyn eu tynged.

Sgoriodd Rwmania eto gyda saith munud yn weddill i ennill y gêm, ac i gadarnhau bod y freuddwyd ar ben. Roedd Cymru wedi methu unwaith eto. Wedi boddi wrth ymyl y lan unwaith eto. Mae hyn wedi digwydd mor aml fel bod rhai wedi sôn bod angen *snorkel* ar y chwaraewyr, yn ogystal â sgidiau pêl-droed.

Ond er gwaethaf siom y gorffennol mae yna ryw fflam sydd yn gwrthod diffodd. Rhyw obaith y bydd pethau'n wahanol y tro nesaf. Ac er bod rhai'n mynnu hefyd mai'r gobaith yw'r peth gwaethaf am gefnogi Cymru, mae hi'n amhosib peidio breuddwydio.

Neis yn Nice

Hen ddinas hyfryd Nice oedd y lleoliad ar gyfer y seremoni i drefnu'r grwpiau rhagbrofol ar gyfer Ewro 2016. Ac roedd yr ysfa i weld Cymru yn y gystadleuaeth fawr yn cynyddu ar ôl cyrraedd *Riviera* de Ffrainc. Os mai dyma oedd yn ein disgwyl ymhen dwy flynedd, roedd yn rhaid i dîm Chris Coleman fod yno.

Mae cyfnod trefnu'r gêmau grŵp wastad yn gyfnod cyffrous i'r cefnogwyr. Mae hi'n hawdd anghofio am siom y gorffennol a dechrau breuddwydio eto am yr hyn sydd i ddod. Ac i'r ffyddloniaid mae hwn hefyd yn amser i lenwi'r dyddiaduron a threfnu'r teithiau tramor.

Mae yna garfan o gefnogwyr sydd yn dilyn y tîm cenedlaethol i bob cwr o'r byd pêl-droed. Gêmau mawr a gêmau bach, gêmau hollbwysig a gêmau hollol ddibwys – maen nhw yno yn cefnogi. Ac yn mwynhau, wrth gwrs. Y cwestiwn mawr oedd pa wledydd fyddai'n eu disgwyl y tro yma?

Roedd sawl rheswm i fod yn fwy hyderus y tro hwn gan fod yna fwy o wledydd yn cael y cyfle i gyrraedd y brif gystadleuaeth. 16 gwlad oedd wedi bod yn y rowndiau terfynol yn ddiweddar, ond roedd UEFA wedi cynyddu hynny i 24.

Felly, roedd dwy wlad o bob grŵp yn mynd drwodd i Ewro 2016 a hefyd y tîm gorau i orffen yn drydydd. Roedd yna hefyd gêmau ail gyfle ar gyfer yr wyth gwlad arall i orffen yn y trydydd safle. Yn ogystal â hyn, roedd y corff sy'n rheoli pêl-droed yn Ewrop wedi penderfynu newid trefn y gêmau gan gyflwyno 'Wythnos o Bêl-droed'.

Mae'r dyddiau pan oedd pob gêm yn dechrau am dri o'r gloch ar brynhawn dydd Sadwrn wedi hen ddiflannu, ond roedd y newidiadau diweddaraf yn golygu y gallai gwledydd chwarae ar unrhyw ddiwrnod o'r wythnos. Doedd hynny ddim yn ddelfrydol o ran y cefnogwyr, ond ers pryd mae penaethiaid y gêm yn poeni am y rheiny?!

Pot 4 oedd cartref Cymru ar gyfer y *draw*. Roedd hynny'n golygu bod tair gwlad gryfach yn mynd i fod yn yr un grŵp ac, yn yr un modd, bod dwy wlad is o ran detholion. Ond roedd y drefn y byddai'r peli bach plastig yn ymddangos yn hollbwysig. Wrth i bawb groesi eu bysedd a gweddïo am grŵp caredig, dechreuodd y seremoni.

Does neb yn dueddol o dalu sylw nes bod eu gwlad nhw'n ymddangos, a dyna'n union oedd yn digwydd o ran gohebwyr Cymru. Ar ôl dechrau gyda'r gwledydd llai daeth yr amser i dynnu'r enwau o Bot 4. Ble fyddai Cymru? Doedd dim angen aros yn hir wrth i enw Cymru gael ei dynnu ar gyfer Grŵp B. Yno yn barod roedd Andorra a Chyprus. Dechrau da iawn.

Israel oedd y wlad nesaf i ymddangos yn yr un grŵp ac erbyn hyn roedd y gohebwyr o Gymru yn dechrau gwenu ar ei gilydd. Heb ddangos unrhyw ddiffyg parch i'r gwrthwynebwyr, roedd gobaith yn y grŵp yma.

Roedd dwy wlad ar ôl, a diflannodd yr hyder yn gyflym pan ddaeth Gwlad Belg allan o Bot 2. Er bod Cymru wedi cael canlyniadau da yn eu herbyn yn ddiweddar, doedd dim amheuaeth mai nhw oedd un o'r timau gorau yn Ewrop.

Roedd hi'n hanfodol nawr fod y Dreigiau'n osgoi un o'r cewri fel yr Almaen neu Sbaen ar gyfer y lle olaf yn y grŵp. Ac felly roedd gweld enw Bosnia a Herzegovina yn rhywfaint o ryddhad. Dim llawer chwaith, o gofio bod y tîm wedi llwyddo i gyrraedd Cwpan y Byd 2014 – ond fe allai pethau fod wedi bod yn llawer gwaeth.

Y cam nesaf oedd sefydlu trefn y gêmau. Yn y gorffennol roedd hyn yn broses boenus wrth i'r gwledydd drafod ymysg ei gilydd. Ond bellach roedd y cyfan yn cael ei drefnu gan gyfrifiadur, felly roedd llai o ddadlau. Y canlyniad i Gymru oedd bod y grŵp yn mynd i ddechrau a gorffen gyda gêmau yn erbyn y tîm gwannaf – Andorra.

Byddai cyfle i gael pwyntiau pwysig yn gynnar a chyfle i sicrhau pwyntiau hollbwysig ar y diwedd.

Draw, draw yn Andorra

Mae'r term 'Cymru fach' yn un cyfarwydd iawn. Os felly, beth yw'r term cywir ar gyfer Andorra? 'Andorra andros o fach'? Mae'r wlad wedi ei lleoli ar y ffin rhwng Ffrainc a Sbaen yng nghanol mynyddoedd y Pyrenees. O ran maint daearyddol a phoblogaeth mae hi'n debyg iawn i Ynys Môn. Yn wahanol i 'Fam Cymru' mae twristiaid yn heidio i Andorra ar gyfer y sgio a'r siopau Duty Free.

Un peth sy'n sicr – dyw hi ddim yn enwog am bêl-droed. Tair gêm yn unig roedd y tîm cenedlaethol wedi'u hennill ers dechrau chwarae gêmau cystadleuol yn 1998. Ac roedd y fuddugoliaeth ddiwethaf yn 2004. Yn ystod y grŵp rhagbrofol ar gyfer Cwpan y Byd 2014 roedd Andorra wedi colli deg allan o ddeg, heb hyd yn oed sgorio'r un gôl. Dim rhyfedd felly bod y cefnogwyr wedi teithio'n llawn hyder – er bod nifer yn hen ddigon profiadol i wybod bod dim modd cymryd unrhyw beth yn ganiataol o ran Cymru.

Cyflwr y cae oedd ar feddwl y rheolwr Chris Coleman yn yr wythnosau cyn y gêm. Roedd Andorra wedi chwarae eu gêmau yn Sbaen yn y gorffennol ond erbyn hyn roedden nhw'n benderfynol o chwarae yn eu gwlad eu hunain. Y bwriad oedd gosod cae newydd 3G, sef y dechnoleg synthetig ddiweddaraf. Neu blastig i lawer o bobol. Fel y dywedodd Chris Coleman rai misoedd cyn y gêm, 'Bydd rhaid aros i weld a fyddwn ni'n chwarae ar gae artiffisial neu gae normal.'

Roedd y gair 'normal' yn dweud llawer. Er bod y meysydd newydd yma yn gyfarwydd iawn erbyn hyn ac yn cael eu defnyddio gan nifer o glybiau llai, dyw chwaraewyr proffesiynol ddim yn eu hoffi. Aeth y dadlau a'r trafod am y cae ymlaen am wythnosau, gydag Andorra yn cael caniatâd i chwarae ar y maes newydd wythnos yn unig cyn y gêm.

Yn dawel bach roedd tîm hyfforddi Cymru hefyd yn poeni, gan fod angen amser ar feysydd tebyg i setlo ar ôl cael eu gosod. A doedd y cae yma ddim wedi cael ei osod ers digon o amser. Ond cae gwael neu beidio, doedd bosib y byddai Cymru yn baglu ar y cynnig cyntaf yn erbyn un o'r gwledydd gwannaf yn y byd pêl-droed.

Roedd y rheolwr Chris Coleman wedi synnu nifer trwy ddewis tri amddiffynnwr ar draws y cefn. Byddai'r system yma'n cael ei defnyddio eto yn hwyrach yn y grŵp yn erbyn y gwledydd mawr, ac roedd angen arbrofi mewn gêm go iawn. A doedd neb yn disgwyl i Andorra fod yn llawer o fygythiad.

Ond, gyda phum munud yn unig ar y cloc, daeth cic o'r smotyn i Andorra! Yn dilyn tafliad hir i'r tîm cartref, penderfynodd y dyfarnwr fod Neil Taylor wedi troseddu. Chwibanodd yn syth gan bwyntio at y smotyn. Anwybyddodd gŵynion chwaraewyr Cymru a chamodd capten Andorra, Ildefons Lima, ymlaen gan sgorio'n hawdd yn erbyn Wayne Hennessey.

Hunllef. Ond roedd hen ddigon o amser i daro'n ôl.

Roedd hi'n amlwg o'r dechrau bod y cae yn broblem. Ddim yn aml y gwelwch chi chwaraewyr gwych fel Gareth Bale ac Aaron Ramsey yn methu rheoli pàs. Ond roedd y bêl yn rholio i bob cyfeiriad – heblaw'r cyfeiriad cywir. Dro ar ôl tro gwelwyd camgymeriadau, a chwaraewyr enwog yn edrych ar y llawr yn methu credu bod y bêl wedi llithro o'u gafael unwaith eto. Roedd y rhwystredigaeth yn cynyddu.

Ond newidiodd hynny ar ôl 22 o funudau.

Daeth y bêl i'r amddiffynnwr Ben Davies ar yr ochr chwith. Edrychodd i fyny a gweld Gareth Bale yn galw amdani. Roedd y croesiad yn berffaith. Cododd Bale yn uwch na'r amddiffynnwr gan benio'r bêl yn berffaith i gornel isaf y rhwyd.

15

Y bêl gan Ben i ben Bale... i'r gôl. Diolch byth!

Rhedodd Bale i'r gornel gan daro'r fflag gyda'i ddwrn fel bocsiwr yn ceisio llorio gwrthwynebydd. Ond doedd y gwrthwynebydd yma ddim wedi ei lorio eto. Gyda dros awr o'r gêm yn weddill, doedd dim amheuaeth bod y rhan fwyaf o gefnogwyr Cymru yn credu bod y fuddugoliaeth yn bendant. Erbyn hanner amser mae'n siŵr bod rhai'n dechrau poeni.

Wrth i'r ail hanner fynd yn ei flaen, roedd y pryder i'w weld ar wynebau'r chwaraewyr a'r tîm hyfforddi. Roedd y cyfuniad o'r cae uffernol a thaclo 'penderfynol' Andorra yn golygu ei bod hi'n noson anodd iawn i Gymru. Ychwanegwch ambell benderfyniad amheus gan y dyfarnwr ac roedd hyd yn oed y rhai mwyaf hyderus yn dechrau chwysu. Gyda deg munud i fynd roedd yna densiwn, roedd yna dyndra (a dwyn yr ystrydeb rygbi). Ond deled yr awr, deled y dyn ei hun.

Yn dilyn trosedd ar yr eilydd ifanc, George Williams, daeth cic rydd i Gymru – penderfyniad prin yn mynd o blaid y Gwynion gan y dyfarnwr o Slofenia. Mae yna eiliadau ym mhob gêm ac ym mhob ymgyrch pan mae rhywbeth yn newid. A does dim amheuaeth mai dyma un o'r eiliadau mawr i Gymru ar y ffordd i Ffrainc. Doedd dim dadlau ynglŷn â phwy fyddai'n cymryd y gic, wrth gwrs. Gareth Bale oedd yno gyntaf, yn gosod y bêl, yn barod i danio. Y tu ôl i'r gôl roedd cannoedd o gefnogwyr nerfus yn gwylio ac yn gweddïo.

Aeth yr ymdrech gyntaf yn syth at y gôl-geidwad. Ond yna, daeth cyfle arall gan fod y mur amddiffynnol ddim yn y lle priodol. Anghofiwch am dri chynnig i Gymro – mae dau yn ddigon. Camodd Bale ymlaen unwaith eto gan gladdu'r bêl yng nghornel y rhwyd.

Ffrwydrodd y ffyddloniaid! Rhuthrodd Bale a gweddill y chwaraewyr i'r gornel. Roedd y rhyddhad yn ormod i ambell gefnogwr wrth i rai neidio ar y cae – y gorfoledd yn gorlifo o'r eisteddle. Byddai UEFA yn cosbi Cymru am hyn yn ddiweddarach gyda dirwy o 5,000 Ewro. Ond doedd neb yn poeni am hynny ar y pryd.

Roedd digon o amser o hyd i Aaron Ramsey fynd yn agos at sgorio a chael anaf. Ac wrth gwrs, roedd amser am dacl flêr arall ar Bale. Ond doedd dim ffordd yn ôl i'r tîm cartref. Atseiniodd y chwiban olaf o gwmpas y maes gan swnio'n felysach na'r symffoni fwyaf hudolus i Gymru. Dywedodd Bale ar ôl y gêm mai dyna oedd y cae gwaethaf iddo chwarae arno erioed. Doedd y dyfarnwr ddim wedi helpu chwaith ac roedd tactegau Andorra yn amheus, a dweud y lleiaf.

Ond roedd Cymru wedi ennill. Tri phwynt hanfodol, hollbwysig. Ac i bwysleisio pwysigrwydd y pwyntiau, roedd Bosnia a Herzegovina wedi colli gartref yn erbyn Cyprus. Roedd Cymru wedi ennill, a'r prif ddetholion wedi colli ar eu tomen eu hunain.

Noson bryderus... ond noson dda iawn hefyd.

09/09/2014

Andorra	1–2	Cymru
Bosnia & Herzegovina	1–2	Cyprus

Brwydr Bosnia

Fis yn ddiweddarach ac roedd Cymru yn paratoi ar gyfer dwy gêm gartref yn erbyn Bosnia a Herzegovina, a Chyprus. Os mai'r cae oedd y broblem yn Andorra, anafiadau oedd y broblem erbyn hyn. Roedd y rheolwr Chris Coleman yn gwybod cyn cyhoeddi'r garfan fod Aaron Ramsey a Joe Allen allan yn dilyn anafiadau gyda'u clybiau. Ond erbyn y gic gyntaf yn erbyn Bosnia roedd y rhestr anafiadau wedi cynyddu'n sylweddol.

I mewn i ganol y cae daeth y profiadol Joe Ledley a Jonathan Williams. 'Joniesta' yw ffugenw'r chwaraewr canol cae creadigol, fel teyrnged i seren Sbaen, Iniesta. Ac er bod y ffugenw braidd yn dafod-yn-y-foch, does dim amheuaeth bod Williams yn un o'r chwaraewyr bach clyfar yna sydd yn gallu rheoli gêm.

Ond roedd herio Bosnia yn stori hollol wahanol. Er iddyn nhw golli eu gêm agoriadol, nhw oedd un o'r ffefrynnau ar gyfer ennill y grŵp. Roedd y tîm wedi cyrraedd Cwpan y Byd ym Mrasil yn haf 2014 ac yn llawn enwau adnabyddus. Mae angen asgwrn cefn cadarn ar bob tîm llwyddiannus ac roedd un Bosnia yn gadarn dros ben. Asmir Begović o Chelsea yn y gôl, Muhamed Bešić o Everton a Miralem Pjanić o dîm Roma yng nghanol y cae, a'r capten Edin Džeko o Manchester City oedd y criw cyfarwydd. Ond roedd y tîm yn llawn chwaraewyr o brif gynghreiriau gwledydd Ewrop fel Lloegr, yr Eidal a'r Almaen.

Nid bod hynny'n poeni rhyw lawer ar y 30,000 a mwy oedd wedi heidio i Stadiwm Dinas Caerdydd. Dyma oedd y dorf fwyaf ar gyfer gêm gartref ers symud o Stadiwm y Mileniwm. Gyda'r gêm yn cael ei chwarae ar nos Wener roedd y cefnogwyr mewn hwyliau da – er gwaetha'r anafiadau.

A pham lai? Os nad oes modd bod yn hyderus ar ddechrau grŵp rhagbrofol, yna mae pethau'n dywyll iawn! Roedd hyder hefyd oherwydd presenoldeb Gareth Bale unwaith eto. Gwarchod seren Real Madrid oedd gobaith Coleman cyn y gêm. Roedd y rheolwr wedi gwylltio yn dilyn ambell dacl yn Andorra ac roedd yn mynnu bod angen i'r swyddogion fod yn fwy cryf. Roedd yn disgwyl yr un peth yn erbyn Bosnia hefyd, ond mynnodd fod Bale yn 'fwystfil' oedd yn gallu ymdopi ag unrhyw beth.

Un peth sy'n sicr, roedd Bosnia yn barod amdano. Er hynny dechreuodd Cymru yn gyflym, gyda Bale yng nghanol y cyfleoedd cynnar. Ond roedd enwau llai amlwg yn achosi problemau hefyd. Cafodd Chris Gunter ei lorio'n ddisymwth, ond roedd amddiffynnwr Reading yn agos at sgorio hefyd yn dilyn symudiad slic gan y Cochion.

Ar ôl y storm agoriadol dechreuodd Bosnia setlo. Gyda Bešić yn gysgod i Bale roedd Pjanić yn achosi panic go iawn ar adegau. Ac roedd ochr arall i gêm Cymru wrth i'r amddiffyn, yn enwedig y gôl-geidwad Wayne Hennessey, ddal eu tir. Roedd Coleman wedi cwyno bod Bosnia wedi llwyddo i fwlio Cymru mewn gêm gyfeillgar yn 2012, ond doedd neb am ildio modfedd y tro yma. Yn enwedig Hennessey. Ar ôl colli ei le yn nhîm Crystal Palace doedd y gôl-geidwad ddim wedi chwarae llawer yn ystod y tymor – nid bod hynny wedi effeithio arno, wrth iddo sefyll yn gadarn.

Roedd y ddau amddiffynnwr canol yn gampus hefyd. Doedd neb yn disgwyl dim llai gan y capten, Ashley Williams. Ond roedd perfformiadau cyson ei bartner James Chester yn golygu ei fod yn tyfu'n ffefryn mawr ymysg y cefnogwyr. Gydag Andy King a Joe Ledley yn brwydro am bopeth yng nghanol y cae, roedd hi'n amlwg fod chwaraewyr Cymru yn rhoi popeth ac roedd hyn yn cael ei werthfawrogi o gwmpas y stadiwm.

Roedd pob tacl yn destun dathliad. Pob

penderfyniad yn erbyn Cymru yn corddi'r cefnogwyr. Ac roedd hen ddigon o'r rheiny. Wrth i'r cardiau melyn ymddangos yn fwy cyson roedd pryder y gallai pethau fynd dros ben llestri, a bu bron i hynny ddigwydd ugain munud o'r diwedd.

Y penderfyniad i roi cerdyn melyn i James Chester yn dilyn tacl ar Bešić ddechreuodd y dadlau. A buan iawn roedd y rhan fwyaf o'r chwaraewyr yn ei chanol hi, yn gwthio a gwylltio. Cafodd y ddau gapten, Ashley Williams ac Edin Džeko, gardiau melyn hefyd wrth i'r tymheredd a'r tymer boethi go iawn.

Roedd Hennessey yn parhau i arbed popeth, a'r pen arall roedd Ashley Williams yn gwbl glir yn y cwrt cosbi ond peniodd ymhell dros y bar. Un peth yw penio'n amddiffynnol, peth arall yw ceisio sgorio, a dyw'r capten yn bendant ddim yn arbenigwr ar wneud hynny.

Nid Williams oedd yr unig un i fethu, cofiwch. Ar ôl noson rwystredig dangosodd Bale i bawb pam roedd Real Madrid wedi talu £85 miliwn amdano. Dawnsiodd yn glir oddi wrth yr amddiffynwyr i lawr yr asgell chwith, ac er y blinder amlwg tarodd ergyd a hanner o ongl anodd. Roedd y bêl yn hedfan tua'r gôl cyn i Begović rywsut ei rhwystro. Roedd Bale bron â chreu gôl hwyr i Hal Robson-Kanu ond collodd ei ben – a rheolaeth o'i draed – o flaen y gôl. Bu bron i Gymru gipio buddugoliaeth enwog, ond roedd y pwynt yn un gwerthfawr dros ben yn erbyn un o'r gwledydd gorau yn y grŵp rhagbrofol.

Ar yr un noson ym Mrwsel roedd Gwlad Belg wedi gosod eu stamp ar y grŵp gyda buddugoliaeth swmpus o 6 i 0 yn erbyn Andorra, tra oedd Israel wedi ennill oddi cartref yng Nghyprus.

Roedd hi'n amlwg yn barod pwy fyddai'r bygythiad mawr i Gymru.

10/10/2014

Cymru	0–0	Bosnia & Herzegovina
Gwlad Belg	6–0	Andorra
Cyprus	1–2	Israel

Cyprus yn cicio a brathu

Dridiau yn ddiweddarach ac roedd Cymru yn ôl yn Stadiwm Dinas Caerdydd ar gyfer gêm gartref arall yn erbyn Cyprus. Oherwydd bod y gêm ar nos Lun roedd tipyn llai o gefnogwyr yn bresennol ond roedd yr awyrgylch yr un mor drydanol.

Mae nifer wedi ceisio dadansoddi pryd yn union y dechreuodd pethau wella o ran y tîm cenedlaethol. Does dim amheuaeth fod y diweddar Gary Speed yn haeddu clod aruthrol. Roedd y chwaraewyr yn ei barchu ac yn mwynhau chwarae iddo. Yn amlwg, roedd Chris Coleman hefyd yn dechrau adeiladu rhywbeth arbennig.

Ond i lawer, mae John Toshack yn haeddu llawn cymaint o glod. Dechreuodd 'Tosh' ei ail gyfnod gyda Chymru yn 2004 ar ôl i Mark Hughes adael er mwyn rheoli Blackburn Rovers.

Flwyddyn ar ôl i Gymru golli yn erbyn Rwsia yn y gêmau ail gyfle ar gyfer Ewro 2004 y penodwyd Toshack yn rheolwr am yr ail waith. Bu wrth y llyw tan 2010 ac yn ystod y cyfnod hwnnw gwelwyd newidiadau enfawr. Roedd yna broblemau yn syth, gyda nifer o'r chwaraewyr profiadol yn ymddeol. Daeth diwedd ar yrfa ryngwladol Ryan Giggs, Gary Speed, John Hartson, Mark Delaney a Simon Davies. Ac roedd ambell un, fel Robbie Savage, wedi dweud yn blwmp ac yn blaen mai'r rheolwr oedd y broblem. Dywedodd Toshack yn syth fod y garfan ryngwladol yn rhy hen a bod rhaid newid hynny. A doedd nifer o'r hen bennau ddim yn hapus. Canlyniad y cyfan oedd chwyldro, gyda'r enwau adnabyddus yn rhoi'r gorau iddi.

Bu'n rhaid troi felly at y to ifanc, ac yn ystod ei gyfnod wrth y llyw enillodd 43 o chwaraewyr eu cap cyntaf. Nid pawb oedd yn llwyddiannus, wrth gwrs, ond mae dyled Cymru yn enfawr i Tosh ar ôl iddo roi'r cyfleoedd cyntaf i Gareth Bale, Aaron Ramsey, Joe Allen, Joe Ledley, Chris Gunter, Wayne Hennessey... Mae hi'n rhestr enfawr. Efallai nad oedd dewis ganddo ar ôl colli cymaint o chwaraewyr profiadol. Ond doedd arno ddim ofn chwaith. Gyda Brian Flynn yng ngofal y tîm dan 21 roedd y ddau'n edrych tuag at y dyfodol. Ac mae hynny i'w weld heddiw. Mae'n siŵr y byddai llawer o'r chwaraewyr yma wedi cyrraedd y tîm cyntaf ta beth. Ond mae'r ffaith eu bod wedi cael eu capiau mor gynnar yn golygu bod ganddynt brofiad aruthrol erbyn hyn. Ac maen nhw'n dal i fod yn ifanc.

Toshack hefyd wnaeth roi ei gap cyntaf i Ashley Williams yn 2008. Dwi'n amau a oedd unrhyw un wedi proffwydo y byddai'r amddiffynnwr canol yn datblygu i fod mor ddylanwadol, ond efallai y byddai Tosh yn anghytuno â hynny. Roedd hi'n amser anodd, cofiwch. A daeth un o'r cyfnodau mwyaf anodd ar ôl colli yng Nghyprus yn 2007.

Roedd y rheolwr yn siomedig dros ben ar ôl colli yn Nicosia o 3 gôl i 1. Cyfaddefodd ei fod yn dechrau amau ei allu ei hun. Ond erbyn i Gymru gyrraedd Rimini rai dyddiau'n ddiweddarach i chwarae San Marino, roedd y neges wedi newid. Yn un o'i *rants* gorau erioed i'r wasg, trodd y sylw at y chwaraewyr gan gwestiynu eu hymroddiad:

'Dyma ni yn Rimini, gwesty pum seren arall, bois,' meddai. 'Edrychwch allan drwy'r ffenest. Os yw'r tonnau'n gwneud gormod o sŵn yn y nos, jyst ffoniwch lawr i weld a oes modd i chi symud i ystafell ar ochr arall y gwesty... Edrychais o gwmpas yr ystafell newid yng Nghyprus a meddwl, "Dyw rhai o'r rhain ddim yn mwynhau eu hunain". Weithiau dwi'n meddwl bod rhai'n cymryd pethau'n ganiataol. Dwi ddim yn mynd i dderbyn hynny. Bydd y chwaraewyr yn dweud eu bod nhw'n poeni. Ond oedden nhw'n edrych fel petaen nhw'n poeni? Doedd hi ddim yn edrych yn debyg i fi.'

Y dyn ei hun yn ddiflewyn-ar-dafod!

Saith mlynedd yn ddiweddarach ac roedd Cymru yn cwrdd â Chyprus eto. Er yr holl newidiadau roedd ambell chwaraewr yn dal i fod yn y garfan. Ac roedd dau – Gareth Bale a Joe Ledley – yn dechrau'r gêm yng Nghaerdydd. Roedd tîm cyfan ar goll, cofiwch. Roedd 11 o anafiadau ac roedd y rheolwr, Chris Coleman, yn cyfaddef bod ei opsiynau'n brin dros ben. Roedd dau newid i'r tîm ar ôl gêm Bosnia – Hal Robson-Kanu a George Williams yn dechrau yn lle Jonathan Williams a Ben Davies.

Ganwyd George Williams yn 1995, felly doedd chwaraewr canol cae Fulham ddim hyd yn oed wedi cael ei eni pan darodd cic o'r smotyn Bodin y bar yn erbyn Rwmania yn '93. A chwaraeodd fel pe na bai unrhyw bwysau yn y byd ar ei ysgwyddau ifanc. Yn beryglus ac yn hollol hyderus ar y bêl, achosodd broblemau di-ri i'r ymwelwyr.

Ond roedd yna broblemau i Gymru hefyd. Trodd yr 11 anaf yn 12 o fewn munud yn unig, ar ôl i Simon Church ddatgymalu ei ysgwydd. Daeth yr asgellwr David Cotterill i'r cae ac o fewn munudau roedd wedi sgorio. Cafodd ei gic gornel wreiddiol ei chlirio, ond wrth geisio eto o'r asgell chwith hedfanodd y bêl heibio i bawb – gan gynnwys gôl-geidwad Cyprus. Doedd dim amheuaeth mai croesiad oedd y bwriad ond roedd yn groesiad gwych. Ar yr olwg gyntaf roedd yn ymddangos bod Robson-Kanu wedi cael y cyffyrddiad lleiaf wrth iddo'i daflu ei hun am y bêl. Ond rhuthrodd y chwaraewyr yn syth at Cotterill i'w longyfarch.

13 munud wedi mynd ac roedd Cymru ar y blaen. Roedd y Cochion ar dân erbyn hyn gyda Gareth Bale yng nghanol popeth. Tacteg Cyprus oedd ei gicio'n ddidrugaredd drwy'r nos ond doedd dim yn mynd i stopio seren Real Madrid.

Hanner ffordd drwy'r hanner cyntaf roedd hi'n 2–0. Os oedd y gôl gyntaf ychydig yn lwcus, roedd yr ail yn gampus. Symudiad slic, a'r bêl yn mynd o ymyl cwrt cosbi Cymru i gefn y rhwyd mewn llai na deg eiliad. Roedd Andy King yn ddwfn yn ei hanner ei hun a gwelodd Bale ar y llinell hanner. Roedd y bàs yn gywir ac yn gadarn i'w draed, ond roedd yr hyn ddigwyddodd nesaf yn dangos y gwahaniaeth rhwng chwaraewr da ac un o'r goreuon.

Roedd Bale fwy neu lai'n wynebu ei gôl ei hun ond dyma fe'n fflicio'r bêl y tu ôl iddo yn syth i lwybr Hal Robson-Kanu. Gyda Robson-Kanu ar garlam doedd dim yn mynd i'w stopio. Cyrhaeddodd y cwrt cosbi ac er bod amddiffynwyr Cyprus yn agosáu, llithrodd y bêl yn berffaith dan gorff y gôl-geidwad. Dyma oedd y gêm gyntaf i Robson-Kanu ei dechrau yn y grŵp rhagbrofol, ond aeth ymlaen i ddechrau pob un o'r gêmau eraill. Tyfodd ei ddylanwad ac erbyn diwedd y grŵp roedd wedi troi'n un o arwyr y cefnogwyr.

Dyw hi byth yn hawdd gwylio Cymru, cofiwch. Yn erbyn llif y chwarae sgoriodd Cyprus cyn hanner amser. Ildiodd Cotterill gic rydd mewn man peryglus ac yn union fel gôl y Cymro, sgoriodd Cyprus yn syth o'r gic. Croesiad Vincent Laban yn mynd heibio i bawb. Aeth Wayne Hennessey amdani ond methodd y bêl yn gyfan gwbl. Ar ôl iddo fod mor awdurdodol yn erbyn Bosnia roedd y camgymeriad yn sioc i'r system.

Roedd yna sioc arall ddwy funud wedi'r egwyl. Cerdyn coch i Andy King. Doedd dim amheuaeth fod y dacl ar gapten Cyprus, Constantinos Makrides, yn flêr, ond roedd gweld y dyfarnwr yn dangos y cerdyn coch yn ddramatig yn sioc fawr – yn enwedig o gofio'r driniaeth gafodd Bale drwy gydol y gêm.

Roedd nifer o'r cefnogwyr yn dechrau poeni. I lawr i ddeg dyn a gyda deuddeg o chwaraewyr wedi eu hanafu, a fyddai Cymru yn gallu dal gafael ar y tri phwynt hollbwysig? Fyddai hynny byth wedi bod yn bosib yn y gorffennol ond roedd rhywbeth yn wahanol erbyn hyn. Roedd y tîm yma wedi tyfu gyda'i gilydd ac wedi dioddef gyda'i gilydd. Roedden nhw hefyd wedi galaru gyda'i gilydd yn dilyn marwolaeth y cyn-reolwr, Gary Speed. Roedd y cyfan wedi creu ysbryd arbennig, a gwelwyd hynny'n glir yn erbyn Cyprus.

Ac yn arwain y cyfan roedd yr anhygoel Gareth Bale. Dyma oedd ei noson fwyaf i Gymru. Nid oherwydd ei goliau ond oherwydd ei gymeriad. Gwrthododd ildio. Gwrthododd ymateb i'r holl giciau arno. Cododd dro ar ôl tro gan daro'r bêl yn ôl i hanner Cyprus o'r cae. Roedd y neges yn glir – gallwch chi geisio fy nghicio ond allwch chi ddim fy stopio. Dywedodd Chris Coleman ar ôl y gêm fod gweld y chwaraewr drutaf yn y byd yn rhuthro'n ôl i daclo gwrthwynebydd yn ysbrydoli pawb.

Ac yn y munudau olaf cariodd Bale y bêl i'r gornel dro ar ôl tro. Roedd y cefnogwyr yn dathlu pob cic gornel a phob tafliad fel petai gôl wedi ei sgorio. Ac roedd Bale yn ymateb i'r dorf hefyd, yn dathlu pob eiliad oedd yn diflannu. Wrth glywed y chwiban olaf sgrechiodd Bale fel dyn gwyllt. Roedd hi'n gwbl glir i bawb beth roedd hyn yn ei olygu i'r gŵr ifanc.

Roedd rhywbeth mawr yn datblygu. Roedd y chwaraewyr yn synhwyro hynny ac roedd y cefnogwyr yn dechrau gweld hynny hefyd. Ar ôl tair gêm doedd Cymru ddim wedi colli.

Unwaith eto galwodd Bale bawb at ei gilydd ar ddiwedd y gêm ar gyfer yr *huddle*, y cwtsh, gyda'r chwaraewyr yn creu cylch yng nghanol y cae. Ac er nad oedd modd clywed y geiriau, roedd y neges yn glir.

Dyma ein cyfle. Dyma ein hamser.

13/10/2014

Cymru	2–1	Cyprus
Andorra	1–4	Israel
Bosnia & Herzegovina	1–1	Gwlad Belg

I ganol y diawled coch

Gofynnwch i unrhyw chwaraewr sydd yn agosáu at ddiwedd ei yrfa ynglŷn â'r cam nesaf, ac mae'r rhan fwyaf yn siŵr o ddweud eu bod yn dechrau 'gwneud eu bathodynnau'. Dyw hynny ddim yn golygu eu bod yn ymddiddori mewn gwaith crefft gyda Merched y Wawr. Y bathodynnau yw'r cymwysterau sydd yn gwbl angenrheidiol erbyn hyn er mwyn hyfforddi ar unrhyw lefel.

Mae yna lwybr clir wedi ei osod ac mae'r cynllun hyfforddi yng Nghymru wedi derbyn y radd uchaf bosib gan UEFA – y corff sy'n rheoli pêl-droed yn Ewrop.

Y gŵr sydd wedi arwain y newid enfawr yma oddi ar y cae yw Osian Roberts. Ers iddo gael ei benodi'n Gyfarwyddwr Technegol yn 2007, mae'r gŵr o Ynys Môn wedi trawsnewid y system hyfforddi yn llwyr. Deallodd yn gyflym bwysigrwydd y bathodynnau hyfforddi, ac erbyn hyn mae mawrion y byd pêl-droed yn heidio i Gymru er mwyn mynychu cyrsiau'r Gymdeithas.

Mae'r rhestr yn hirfaith. O Thierry Henry i Marcel Desailly, mae statws y sêr yn rhyfeddol. Ar y dechrau roedd Osian yn dueddol o weithio yn y cefndir ond newidiodd hynny yng nghyfnod Gary Speed. Roedd Speed wedi bod ar y cyrsiau hyfforddi ac yn gwerthfawrogi eu pwysigrwydd. Roedd hefyd yn gwerthfawrogi gwybodaeth Osian Roberts a ddaeth yn aelod allweddol o'r tîm hyfforddi. Ar ôl marwolaeth syfrdanol Speed roedd llawer yn credu mai dyma fyddai diwedd Osian gyda Chymru. Ond er mawr glod i'r Gymdeithas ac i'r rheolwr presennol, Chris Coleman, mae Osian yno o hyd. Siaradwch ag unrhyw un o fewn y gêm yng Nghymru ac mae'r parch tuag ato yn enfawr.

Ar y dechrau roedd ambell gyn-chwaraewr yn amheus iawn. 'Does dim modd dysgu am bêl-droed mewn llyfryn hyfforddi' oedd y gŵyn yn gyson. 'Osian pwy?' oedd ymateb ambell i ohebydd diog. Ond does neb yn holi hynny nawr. I gystadlu gyda'r gorau mae angen deall beth sy'n gwneud y goreuon mor llwyddiannus. A'r gorau, yn ôl Osian Roberts, oedd Gwlad Belg. Yr Iseldiroedd, Ffrainc a'r Almaen oedd yr arloeswyr yn Ewrop o ran datblygu chwaraewyr ifanc. Ond ar ddechrau'r mileniwm roedd y wlad fach yng nghanol y cewri yn dechrau datblygu'n syfrdanol o gyflym. Erbyn heddiw mae chwaraewyr o'r wlad ymysg yr enwau mwyaf yn y byd pêl-droed. Ond nid damwain ffodus yw hyn.

Yn 2001 penodwyd Michel Sablon yn Gyfarwyddwr Technegol tîm Gwlad Belg. Newidiodd bwyslais yr hyfforddi yn llwyr er mwyn sicrhau bod yna genhedlaeth newydd yn datblygu – chwaraewyr oedd yn gwbl naturiol ac yn gyfforddus ar gae pêl-droed. Swnio'n gyfarwydd? Os oedd gwlad gymharol fychan fel Gwlad Belg yn gallu gwneud hyn, pam nad Cymru?

Ar ôl dilyn esiampl y meistri oddi ar y cae roedd hi nawr yn bryd i Gymru eu herio arno. Nid am y tro cyntaf yn ddiweddar chwaith. Roedd y ddwy wlad wedi cwrdd yn y grŵp rhagbrofol diwethaf ar gyfer Cwpan y Byd hefyd. Ac er colli yn y gêm gyntaf gartref 2–0, roedd Cymru wedi cael gêm gyfartal 1–1 ym Mrwsel. Cofiwch, roedd Gwlad Belg wedi sicrhau ei lle yng Nghwpan y Byd yn barod ac roedd hi'n noson i ddathlu gyda'r cefnogwyr.

Roedd y gêm yma'n hollol wahanol. Yn dilyn dechrau da yn y grŵp roedd cefnogwyr Cymru wedi teithio yn llawn hyder ac yn llawn hwyl. Roedd dros 2,500 yno, yn barod i fwynhau'r gêm a mwynhau bariau Brwsel. Er bod Andy King wedi ei wahardd, roedd Aaron Ramsey a Joe Allen yn ôl i gryfhau canol y cae. Ac ar ôl ei gôl yn erbyn Cyprus dechreuodd David Cotterill y gêm.

Roedd tîm Gwlad Belg yn frawychus – Courtois yn y gôl, Vertonghen, Witsel, De Bruyne, Fellaini, Hazard. Ar y fainc roedd Benteke, Lukaku, Januzaj, Mertens. Pob un yn seren. Pob un yn dangos bod system hyfforddi'r wlad yn llewyrchus dros ben.

Ond unwaith eto roedd Cymru yn barod am yr her. Ac am unwaith nid y brenin Bale oedd yr unig arwr. Roedd yna arwyr ar draws y cae. Gydag Eden Hazard yn bygwth yn gyson, dangosodd Ashley Williams a James Chester eu bod yn gadarn yn yr amddiffyn. Ac yng nghanol y cae roedd Joe Allen yn gampus. Brwydrodd am bopeth gan geisio stopio pob symudiad yn stond. Mae bron i droedfedd o wahaniaeth rhwng taldra'r Cymro bach a Marouane Fellaini – mwy na hynny, o ystyried y gwallt enfawr! Ond roedd Allen o'i gwmpas yn gyson, yn brathu wrth ei sodlau ac yn derbyn ambell ergyd hefyd. Mae penelin Fellaini yn hoff iawn o wyneb Joe Allen! Mae'r ddau wedi cwrdd ar sawl achlysur, boed hynny mewn gêmau rhwng Abertawe ac Everton neu'n fwy diweddar mewn gêm rhwng Lerpwl a Manchester Utd. Ond doedd dim yn mynd i stopio Allen y noson yma.

Roedd yna eiliadau ffodus: Nicolas Lombaerts yn taro'r postyn yn dilyn cic gornel a'r bêl yn taro Divock Origi cyn rholio'n ddiogel heibio'r

35

gôl; Hazard yn dawnsio heibio hanner y tîm ond Hennessey'n sefyll yn gadarn.

Daeth cyfleoedd i Gymru yn ogystal. Cic rydd gynnar Bale yn bygwth ond roedd Courtois yn barod amdani. Roedd yr amddiffynnwr Toby Alderweireld yn barod hefyd wrth iddo gyrraedd y bêl hanner eiliad o flaen Ramsey ar ruthr.

Roedd Bale yn amlwg yn yr ail hanner hefyd. Tacl gampus gan Ashley Williams yn creu'r cyfle i wrthymosod. Gwibiodd Bale o'r asgell ac agosáu at y gôl, ond y tro yma doedd ei ergyd ddim yn ddigon cywir. Er gwaethaf cryfder Gwlad Belg roedd hi'n hollol amlwg bod Cymru yn beryg bywyd, ac roedd y tîm cartref yn dechrau dibynnu ar ergydion o bellter a chiciau rhydd a chiciau cornel. Mêl ar fysedd Williams a Chester! Roedd amser am gyfle arall i Gymru – Bale, a George Williams oedd ymlaen fel eilydd, yn creu, ond Courtois yn rhwystro Hal Robson-Kanu.

Yr eiliad oedd yn crynhoi ysbryd Cymru orau oedd yr eiliad olaf. Chwe munud i mewn i amser ychwanegol ac un cyfle arall i Wlad Belg. Dyma pryd mae calonnau'r Cymry yn torri fel arfer.

Gwlad Belg yn pwyso. Benteke yn penio. Arbediad gan Hennessey ond anhrefn yn y cwrt cosbi. Roedd cyffyrddiad Axel Witsel yn mynd tua'r gôl cyn i Bale, o bawb, achub y dydd. Dyw'r trueiniaid sydd ddim yn dilyn pêl-droed ddim yn deall gêmau di-sgôr. Mae yna brydferthwch yn perthyn i berfformiad amddiffynnol arwrol, yn enwedig oddi cartref. Yn erbyn un o'r timau gorau yn y byd.

Ac roedd y dathlu dwl ar y chwiban olaf yn adlewyrchu hynny. Roedd y cefnogwyr wedi bod yn mwynhau eu hunain ta beth. Yn ystod hanner amser roedd cerddoriaeth ddawns yn cael ei chwarae yn y stadiwm a buan iawn y trodd y teras yn ddisgo gwallgof. Cafodd cân *trance* gan Zombie Nation ei mabwysiadu fel anthem newydd. Roedd cefnogwyr yn dal i'w chanu wythnosau ar ôl y gêm. Mae hi bellach ar y rhestr ffefrynnau, wrth ochr 'I Love you Baby' a 'Gwŷr Harlech'.

Aeth y chwaraewyr at y cefnogwyr gan daflu eu crysau chwyslyd i ganol y gwallgofrwydd. Roedd sêr fel Bale a Ramsey yn gwenu fel ffyliaid wrth wylio'r ffyddloniaid yn dawnsio yng nghornel Stadiwm y Brenin Baudouin. I lawer, dyma oedd y noson pan ddechreuodd pobol gredu bod gobaith o'r diwedd. Ar ôl pedair gêm doedd Cymru ddim wedi colli. Fel arfer mae'r grŵp bron ar ben erbyn hynny, ond am y tro cyntaf ers ymgyrch Ewro 2004 roedd gobaith gwirioneddol.

Llifodd y dathliadau allan o'r stadiwm i strydoedd Brwsel. Roedd yna barti gwyllt ac roedd gwahoddiad i bawb. A doedd dim amheuaeth nad oedd ambell *zombie* o gwmpas y ddinas y bore canlynol. Doedd dim amheuaeth chwaith nad oedd y 'Zombie Nation' yma wedi deffro!

O.N.
Fore trannoeth gwelwyd ochr arall i'r chwaraewyr pêl-droed.

Cyn dychwelyd i'w clybiau aeth y garfan, a chynrychiolaeth o'r Gymdeithas Bêl-droed, i un o fynwentydd y Rhyfel Byd Cyntaf ger Ypres. Yno, ymysg y beddau, bu'r sêr byd-enwog yn clywed am hanes y rheiny a gollodd eu bywydau ar dir tramor ganrif ynghynt. Ymhlith y meirw roedd Hedd Wyn – arwr o oes wahanol iawn. A ger bedd y 'bardd trwm dan bridd tramor' cafwyd seremoni fer.

Tarodd y rheolwr, Chris Coleman, y nodyn perffaith fel arfer pan ddywedodd, 'Mae hyn yn rhoi'r cyfan yn ei gyd-destun. Rydyn ni wedi dod fan hyn i chwarae gêm o bêl-droed. Ond pan ddaeth y rhain yma aeth neb adref. Dydyn ni ddim yn gwybod pa mor lwcus ydyn ni.'

16/11/2014

Gwlad Belg	0–0	Cymru
Cyprus	5–0	Andorra
Israel	3–0	Bosnia & Herzegovina

Viva Tel Aviv

Roedd rhaid aros pedwar mis tan y gêm nesaf. Ac am gêm i Gymru! Taith i Israel i gwrdd â'r tîm oedd ar frig y grŵp. Wrth i Gymru rwystro Gwlad Belg ym Mrwsel roedd Israel yn chwalu Bosnia a Herzegovina gyda buddugoliaeth gampus o 3 gôl i 0. Roedd eu record 100% hyd yn hyn yn arwydd clir o'r her oedd yn disgwyl Cymru yn y Dwyrain Canol. Ac wrth i dîm Chris Coleman geisio creu hanes roedd yna hen hanes yn pwyso'n drwm dros y gêm.

Mae Cwpan y Byd 1958 wedi bod yn gysgod dros bêl-droed Cymru ers dros hanner canrif. Dyna oedd y tro olaf i'r tîm cenedlaethol gyrraedd prif gystadleuaeth. Yr unig dro hefyd. Mae'n rhaid nodi bod y tîm yn 1976 wedi cyrraedd rownd wyth olaf Pencampwriaeth Ewrop, ond roedd yna fformat gwahanol i'r gystadleuaeth yr adeg honno ac i bawb sy'n dilyn y gêm, 1958 oedd y flwyddyn fawr. Roedd Cymru wedi methu cyrraedd Cwpan y Byd yn '58 hefyd, ond oherwydd y sefyllfa wleidyddol daeth cyfle arall.

Roedd Israel wedi ennill eu grŵp nhw heb chwarae gêm gan fod gwledydd Affrica ac Asia wedi gwrthod chwarae yn eu herbyn yn dilyn argyfwng Suez yn 1956. Ond doedd FIFA ddim yn hapus fod gwlad yn medru cyrraedd y rowndiau terfynol heb chwarae gêm go iawn. Felly, penderfynwyd bod rhaid chwarae gêm ail gyfle rhwng Israel ac un o'r 'collwyr lwcus'.

Ar ôl gorffen yn ail yn y grŵp, y tu ôl i Czechoslovakia, roedd Cymru yn un o wyth gwlad aeth i mewn i'r het i benderfynu pwy fyddai'n chwarae. Yn eironig, Gwlad Belg ddaeth allan gyntaf. Enw Cymru ddaeth allan nesaf – collwyr lwcus dros ben.

Yn Ionawr 1958 enillodd Cymru yn Tel Aviv, diolch i goliau'r anfarwol Ivor Allchurch a Dave Bowen. 2–0 oedd y sgôr yn yr ail gymal hefyd, gydag Allchurch yn sgorio eto a Cliff Jones yn taro'r ail. Roedd Cymru ar ei ffordd i Gwpan y Byd.

Y 5ed o Chwefror oedd y dyddiad ar gyfer yr ail gymal yng Nghaerdydd ac roedd hyn wedi achosi problem i'r rheolwr, Jimmy Murphy. Rheolwr rhan-amser oedd Murphy. Roedd y gŵr o'r Rhondda hefyd yn is-reolwr i Syr Matt Busby yn Manchester Utd. Ac ar ddiwrnod ail gêm Cymru roedd Man Utd yn chwarae oddi cartref yn erbyn Red Star Belgrade yng Nghwpan Ewrop. Ond roedd Busby'n mynnu bod angen i Murphy fod gyda'i wlad. A dyna ddigwyddodd. Penderfyniad a achubodd ei fywyd, o bosib.

Wrth i Gymru ennill yn erbyn Israel roedd y Busby Babes yn cael gêm gyfartal, 3–3, yn Belgrade. Roedd hyn yn ddigon i sicrhau eu lle yn rownd gynderfynol y gystadleuaeth fawr. Ond dyma oedd gêm olaf un o'r timau gorau mae pêl-droed Prydain wedi ei weld.

Bu farw wyth o'r chwaraewyr yn dilyn damwain awyren ar ôl stopio ym Munich ar y ffordd adref. Yn eu plith roedd Duncan Edwards, un o wir sêr y gêm yn y cyfnod hwnnw. Er iddo gael ei achub o'r awyren, bu farw o'i anafiadau bythefnos yn ddiweddarach. Bu bron i Busby farw hefyd, ond ar ôl misoedd yn yr ysbyty yn gwella dychwelodd yn y pen draw i reoli'r tîm. Ac fe greodd dîm rhyfeddol arall oedd yn cynnwys rhai, fel Bobby Charlton, oedd hefyd ar yr awyren ym Munich.

Roedd y Cymro, Jimmy Murphy, yn hollbwysig i Manchester Utd yn ystod y cyfnod erchyll yma. Fe oedd y rheolwr yn absenoldeb Busby, ac arhosodd yn Old Trafford fel is-reolwr tan 1971. Bron i 60 o flynyddoedd ers i dîm Jimmy Murphy ennill yn erbyn Israel i gyrraedd Cwpan y Byd, roedd Cymru yn teithio yno eto. A'r gobaith oedd cyrraedd prif gystadleuaeth am y tro cyntaf ers hynny.

Roedd sefyllfa wleidyddol Israel a'r sefyllfa ym Mhalesteina yn golygu bod ambell gefnogwr yn teimlo'n anghyfforddus iawn ynglŷn ag ymweld â'r wlad. Ond ychydig iawn oedd wedi gwrthod teithio oherwydd eu daliadau personol. Roedd diogelwch yn ffactor hefyd. Gohiriwyd eu gêm gyntaf yn y grŵp yn ôl ym mis Medi yn erbyn Gwlad Belg oherwydd y sefyllfa yn y wlad ar y pryd.

Felly, roedd Israel yn paratoi ar gyfer dwy gêm gartref yn erbyn dwy o'r gwledydd eraill oedd yn cystadlu tua brig y grŵp. Anaf i'r amddiffynnwr James Chester oedd y brif broblem i Chris Coleman. Roedd y bartneriaeth rhwng Chester ac Ashley Williams wedi bod yn un o uchafbwyntiau'r gêmau hyd yn hyn. Byddai angen newid y cyfuniad yng nghanol yr amddiffyn am y tro cyntaf yn y grŵp. Ond roedd yr ymosodwr Sam Vokes yn ôl am y tro cyntaf yn y grŵp rhagbrofol ar ôl gwella o anaf tymor hir. Hwb o ran yr ymosod ta beth.

Stadiwm Sammy Ofer yn Haifa oedd lleoliad y gêm – tref ar yr arfordir, rhyw awr o daith o Tel Aviv. Ac roedd y sŵn i gyfarch y ddau dîm yn fyddarol. Roedd yna sioc pan gyhoeddwyd tîm Cymru. Yn ogystal â newid chwaraewyr oherwydd anaf Chester, roedd yna newid o ran y patrwm. Penderfynodd Chris Coleman chwarae pump yn y cefn, gyda James Collins a Ben Davies ar y naill ochr i Ashley Williams. Roedd hyn yn gadael Chris Gunter a Neil Taylor ar y ddwy asgell amddiffynnol. Yr ymateb cyn y gêm oedd bod hyn yn rhy negyddol a bod Cymru'n dangos gormod o barch i'r gwrthwynebwyr. Ond os oedd y system yn ymddangos yn amddiffynnol ar yr olwg gyntaf, gwelwyd yn fuan iawn bod Cymru'n fwy na pharod i ymosod.

O fewn y chwarter awr cyntaf roedd Ramsey a Bale wedi dod yn agos at sgorio. Ond dechreuodd Israel fygwth hefyd wrth i'r chwarae ar y cae adlewyrchu'r awyrgylch trydanol. Gyda Joe Allen unwaith eto'n brathu wrth sodlau pawb a phopeth yng nghanol y cae, roedd Cymru'n edrych yn fwy peryglus.

Ac ar ôl ugain munud fe ddylai'r Cochion fod wedi bod ar y blaen. Dechreuodd James Collins ei yrfa fel ymosodwr ond doedd dim arwydd o hynny wrth i Gareth Bale groesi'r bêl yn berffaith. Roedd yr amddiffynnwr mawr yn gwbl glir wrth y postyn pellaf ond llwyddodd i sefyll ar y bêl pan fyddai wedi bod yn haws sgorio. Ddwy funud yn ddiweddarach roedd Bale ar garlam unwaith eto, ond llwyddodd amddiffyn Israel i'w rwystro. Roedd dros hanner awr ar y cloc cyn i Israel fygwth yn iawn am y tro cyntaf, ac roedd Hennessey'n hen barod am ymdrech Eran Zahavi.

Gwaethygodd pethau i'r tîm cartref wrth

43

i'w prif sgoriwr, Omer Damari, adael y cae gydag anaf. Ac roedd gwaeth eto i ddod cyn yr egwyl. Cododd Hennessey gic yn uchel i'r awyr, ac oedodd amddiffyn Israel gan adael i'r bêl fownsio. Roedd hynny'n gamgymeriad enfawr. Neidiodd Bale yn uwch na'r amddiffynnwr, gan benio ar draws y cwrt, ac yno roedd Aaron Ramsey. Dyw chwaraewr canol cae Arsenal ddim yn enwog am sgorio gyda'i ben ond gwyrodd y bêl yn berffaith dros y gôl-geidwad.

Roedd Cymru ar y blaen! Rhedodd Ramsey i'r gornel gan bwyntio tua'r awyr. Teyrnged oedd hynny i'w fam-gu oedd wedi marw wythnos ynghynt. Os oedd hi'n gwylio, yna mae'n rhaid bod ei gwên yn fwy na'r ffurfafen. Dyna ddiweddglo gwefreiddiol i hanner cyntaf gwych ac roedd angen y chwarter awr o egwyl ar bawb yn y stadiwm.

Yn yr ail hanner roedd Bale ar lefel hollol wahanol. Ar Blaned Bale. Roedd y Cymro wedi derbyn tipyn o feirniadaeth gan y wasg yn Sbaen. Tra bo Cristiano Ronaldo yn cael ei eilunaddoli yn Real Madrid roedd Bale yn darged cyson, a phob perfformiad yn cael ei asesu'n llym. Ond roedd hi'n stori hollol wahanol gyda Chymru. Ar ôl pum munud aeth y Cymro ar rediad pwerus arall. Cafodd ei lorio gan Eitan Tibi ar ochr y cwrt cosbi, ac er bod rhai'n credu y dylai fod yn gic o'r smotyn roedd y bygythiad yn dal i fod yn amlwg.

Cerdyn melyn i Tibi. Cyfle mawr i Gymru.

Safodd Bale dros y bêl, gan aros i'r criw yn y mur amddiffynnol gymryd eu lle. Fe allai Israel fod wedi adeiladu wal frics go iawn yn y gôl ei hun a byddai Bale yn dal wedi llwyddo i sgorio! Tarodd y bêl yn berffaith gyda'i droed chwith. Hedfanodd dros y wal a chyrlio heibio i Ofir Marciano, gan adael y gôl-geidwad a'r amddiffynnwr oedd yn ceisio gwarchod y postyn yn sefyll yn stond.

Llithrodd Bale ar ei liniau i'r gornel cyn i'w gyd-chwaraewyr ei amgylchynu. Roedd eu hwynebau yn dweud y cyfan ac roedd y naw cant a mwy o Gymry yn dathlu'n wallgof y tu ôl i'r gôl gyferbyn, gan wybod bod rhywbeth mawr ar droed.

Funud yn ddiweddarach ac roedd pethau fwy neu lai ar ben. Gyda Bale yn bygwth eto, cafodd ei lorio gan yr amddiffynnwr Tibi am yr ail waith mewn dwy funud. Oedodd y dyfarnwr cyn dangos ail gerdyn melyn iddo. Ac mae pawb yn gwybod bod dau gerdyn melyn yn golygu un coch, a chawod gynnar i Tibi.

Funud cyn diwedd yr hanner cyntaf roedd y gêm yn ddi-sgôr. O fewn chwe munud i ddechrau'r ail hanner roedd Cymru ar y blaen o 2 i 0 a'r tîm cartref i lawr i ddeg dyn.

Roedd record berffaith Israel ar chwâl. Er gwaetha'r goliau a'r perfformiadau, roedd y cerdyn coch i Tibi yn un o'r eiliadau mwyaf tyngedfennol yn y grŵp rhagbrofol. Roedd yna deimlad pendant fod pethau'n dechrau mynd o blaid Cymru. O'r diwedd.

O'r eiliad honno doedd dim amheuaeth pwy oedd y tîm gorau, a doedd dim ffordd yn ôl i'r tîm cartref. Cymru reolodd weddill y gêm. Daeth Sam Vokes i'r cae yn lle Robson-Kanu gan fygwth y gôl. Aeth Bale yn agos hefyd cyn i Gymru goroni un o'r perfformiadau gorau ers blynyddoedd, gyda gôl i'w thrysori. Daeth y bêl i Ramsey i lawr y chwith ar ochr y cwrt cosbi. Roedd amddiffynnwr o'i flaen a mwy yn y canol. Ar yr olwg gyntaf doedd hi ddim yn ymddangos fod 'Rambo' wedi gwneud gymaint â hynny. Ond o arafu'r lluniau mae modd edmygu'r sgiliau gogoneddus. Yn gyntaf, mae'n rholio'r bêl gyda gwaelod ei droed dde. Yna, mae'r droed chwith yn mynd dros y bêl. Ffugio eto, newid siâp ei gorff, a fflicio'r bàs yn berffaith i'r canol gyda thu allan ei droed dde. Y cyfan yn digwydd ar amrantiad. Dawns y dawnus, sy'n gadael yr amddiffynnwr druan ar goll yn llwyr. Ac yn gwylio'r cyfan, yn barod i fanteisio, roedd Gareth Bale... wrth gwrs. Cyrhaeddodd cyn yr amddiffynnwr gan gladdu'r bêl gyda'i droed chwith yn y gôl.

Tair gôl a thri phwynt i Gymru.

Dyna oedd gôl rhif 16 Bale i Gymru ac roedd hi'n addas dros ben fod hynny'n golygu ei fod yn pasio record yr anfarwol John Charles. Mae'r 'cawr addfwyn' yn cael ei ystyried fel y gorau erioed o Gymru. Ond bydd angen ailysgrifennu'r llyfrau hanes cyn bo hir, diolch i Bale a'i gyfeillion.

Yn hwyr y nos, ar ôl y chwiban olaf yn Haifa, ymddangosodd ambell lun ar y gwefannau cymdeithasol o'r chwaraewyr yn ymlacio yn y gwesty. Pawb gyda'i gilydd yn mwynhau eu hunain – y sêr byd-enwog a'r gwŷr sy'n paratoi'r cit yn cymysgu ac yn dathlu'n dawel. Yn eu canol roedd y gôl-geidwad Owain Fôn Williams yn chwarae gitâr, a chân enwog Johnny Cash 'Folsom Prison Blues' oedd y dewis annisgwyl. Ond doedd neb yn dioddef o'r *blues* y noson honno.

28/03/2015

Israel	0–3	Cymru
Andorra	0–3	Bosnia & Herzegovina
Gwlad Belg	5–0	Cyprus

Gyda'n gilydd yn gryfach

Dyma oes yr hashnod.

Mae'r symbol bach # wedi bod o gwmpas ers canrifoedd a'r gred yw mai diffinio rhif neu bwysau oedd ei ddefnydd gwreiddiol. Roedd i'w weld ar ambell deipiadur o'r 19eg ganrif ac ar ffonau ar draws America o'r 1960au ymlaen. Cafodd ei fabwysiadu gan ddefnyddwyr Twitter fel modd i greu pennawd neu i gyfeirio pobol at bwnc arbennig. Ac erbyn hyn mae'r term 'hashtag' wedi treiddio i iaith bob dydd. Mae cwmnïau bach a mawr wedi sylweddoli ei fod yn effeithiol dros ben yn y byd marchnata. Ac mae criw marchnata'r Gymdeithas Bêl-droed wedi bachu ar hyn hefyd. Mae hi'n hawdd iawn creu slogan i gyd-fynd â'r symbol. Ond mae hi'n hawdd iawn taro'r nodyn anghywir hefyd. Mae dywediad sy'n swnio'n fachog mewn cyfarfod 'creadigol' yn gallu troi'n chwithig, os nad yn embaras llwyr.

'Together Stronger' oedd y slogan ar gyfer yr ymgyrch yma i Gymru. Neu #TogetherStronger a defnyddio'r hen hashnod. Un o broblemau'r iaith Gymraeg yw ei bod hi'n anodd iawn creu termau sydd yr un mor fachog. 'Gorau Chwarae

Cydchwarae' yw'r dywediad campus ar fathodyn y tîm cenedlaethol. Tipyn gwell na'r 'Ich Dien' afiach sydd i'w weld o dan y tair pluen ar grysau rygbi Cymru.

Ond 'Gyda'n gilydd yn gryfach' yw'r ymadrodd Cymraeg a fathwyd i gyfleu'r brandio bondigrybwyll. Doedd neb yn cymryd gormod o sylw o'r sloganau ar ddechrau'r grŵp rhagbrofol ond mae'r dywediad bach wedi tyfu o ran pwysigrwydd. Mae hi'n help fod y tîm yn ennill. Tase Cymru yn agos at waelod y grŵp rhagbrofol mae'n siŵr y byddai 'Together Stronger' yn y bin erbyn hyn. Ond gyda Chymru yn gyfartal o ran pwyntiau ar y brig, roedd y geiriau i'w gweld ym mhob man o gwmpas Stadiwm Dinas Caerdydd cyn y gêm enfawr yn erbyn Gwlad Belg.

Nid y stadiwm yn unig chwaith. Roedd gwesty'r tîm yn llawn sloganau a delweddau a negeseuon bach yn yr ystafelloedd cyfarfod er mwyn ceisio ysbrydoli'r chwaraewyr. Roedd y gwefannau cymdeithasol hefyd yn llawn #TogetherStronger yn y dyddiau cyn y gêm, wrth i'r cyffro gynyddu. Ac roedd y fersiwn Gymraeg i'w gweld ym mhob man hefyd. Mae'n rhaid canmol y Gymdeithas Bêl-droed am ei defnydd o'r iaith Gymraeg yn ddiweddar. Fel y dywedodd un cefnogwr ar Twitter:

'While the #WRU are obsessed with the

royals and the military, #FAW have quietly made bilingualism as natural as kicking a ball #Cymraeg.'

Yr hen hashnod yna'n amlwg eto!

Roedd y gêm nesaf ym mis Mehefin, dri mis ers gêm Israel, ac yn fwy arwyddocaol, ychydig wythnosau wedi diwedd y tymor. Mae yna ddywediad yn y gêm sy'n honni bod pêl-droediwr 'ar y traeth yn barod' ymhell cyn diwedd y tymor. Nid pob clwb sy'n cystadlu hyd y gêmau olaf i ennill cynghrair neu i aros ynddi – neu i godi cwpan. Mae llawer yn gwybod rai wythnosau cyn i'r tymor ddod i ben yn swyddogol bod y gêmau sy'n weddill yn ddibwys. Er, fyddai neb yn cyfaddef hynny. Bryd hynny mae ambell chwaraewr yn dueddol o ymlacio a dechrau breuddwydio am wyliau'r haf.

Ond doedd hyn ddim yn wir am chwaraewyr Cymru, wrth gwrs. Roedd carfan Chris Coleman yn paratoi am un o'r gêmau mwyaf yn eu hanes – a'r gobaith oedd cyrraedd Ewro 2016 gan sicrhau na fyddai modd ymlacio'r haf nesaf chwaith. Roedd y paratoadau wedi bod yn drwyadl. Gan fod y tymor wedi gorffen roedd y garfan wedi bod gyda'i gilydd am bron bythefnos. Mae hynny'n oes yn y gêm fodern.

Roedd yna broblemau gan fod yr amddiffynwyr Ben Davies a James Collins allan oherwydd anafiadau. Ond roedd Andy King yn ôl, yn dilyn gwaharddiad ar ôl cael ei anfon o'r cae yn erbyn Cyprus. Er gwaetha'r anafiadau roedd yr hyder yn uchel dros ben, a gyda Gareth Bale yn ennill ei hanner canfed cap roedd hi'n argoeli'n noson i'w chofio.

Roedd capten Gwlad Belg, Vincent Kompany, allan hefyd oherwydd anaf, ond daeth yr hwb mwyaf ddeuddydd cyn y gêm gyda'r newyddion bod y cawr Marouane Fellaini allan hefyd ar ôl cael anaf wrth ymarfer. Newyddion da i drwyn Joe Allen!

Roedd Cymru wedi penderfynu peidio â chwarae gêm gyfeillgar yn y cyfnod hwn, ond roedd Gwlad Belg wedi chwarae Ffrainc ym Mharis gan ennill o 4 i 3, gyda pherfformiad syfrdanol, a Fellaini'n sgorio dwy. Ond hyd yn oed heb ei bresenoldeb e, roedd yna arwydd clir o'u cryfder gyda'r newyddion mai Kevin De Bruyne fyddai'n dechrau yn ei le. Ddau fis yn ddiweddarach byddai'r chwaraewr canol cae yn symud o Wolfsburg yn yr Almaen i Manchester City am £55,000,000!

Gyda Gwlad Belg yn dewis De Bruyne, roedd Chris Coleman ar fin synnu pawb wrth iddo newid ei amddiffynwyr. Roedd pawb yn disgwyl newidiadau oherwydd yr anafiadau, ond doedd neb yn disgwyl gweld enw Ashley 'Jazz'

Richards ymysg yr un ar ddeg chwaraewr oedd i ddechrau'r gêm. Pedwar cap yn unig roedd Richards wedi'u hennill cyn hyn ac nid oedd wedi creu llawer o argraff yn Abertawe.

I ychwanegu at y syndod roedd Coleman wedi symud Chris Gunter i ganol yr amddiffyn hefyd. Nid am y tro cyntaf roedd nifer yn cwestiynu penderfyniadau Coleman cyn y gic gyntaf. Ond roedd y rheolwr wedi ateb pob cwestiwn hyd yn hyn, a dyna'n union fyddai'n digwydd y tro yma hefyd.

Roedd yr awyrgylch yn wefreiddiol a'r perfformiad yn syfrdanol. Dechreuodd y cyfan gyda'r anthem, 'Hen Wlad fy Nhadau', yn atseinio o gwmpas y stadiwm a'r gwallt ar eich gwar yn codi mewn syndod. Roedd hi'n amlwg o'r dechrau fod Cymru'n barod am unrhyw beth ac yn barod i roi popeth dros yr achos. Ac roedd angen iddyn nhw fod ar eu gorau gyda Gwlad Belg yn dangos eu doniau.

Roedd Eden Hazard newydd ennill gwobr Chwaraewr y Tymor yn Uwchgynghrair Lloegr ar ôl ysbrydoli Chelsea i gipio'r Bencampwriaeth. Ac roedd yr asgellwr dawnus yn disgleirio yn y symudiadau cynnar. Ond nid fe oedd yr unig un chwaith. Roedd hi'n amhosib methu Radja Nainggolan – chwaraewr canol cae cadarn gyda mohican melyn ar dop ei ben. Fe oedd y cyntaf i fygwth go iawn, gydag ergyd i'r gornel isaf, ond roedd Wayne Hennessey yn barod amdani.

Ond ar ôl 25 munud roedd Nainggolan yn ei chanol hi am y rhesymau anghywir. Roedd y cefnogwyr yn dathlu pob tacl a phob tafliad, felly roedd ennill cic rydd yn y gornel wedi codi'r to ta beth.

Croesodd Aaron Ramsey yn beryglus gyda'i droed dde – ond llwyddodd Gwlad Belg i glirio.

Joe Allen wedyn yn cael ei ben iddi – ond Gwlad Belg yn hanner clirio eto i ochr y cwrt cosbi.

A dyma Nainggolan yn colli ei ben. Ceisiodd benio'r bêl yn ôl at y gôl-geidwad, Thibaut Courtois, ond yn disgwyl amdani roedd Gareth Bale. O'r holl chwaraewyr yn y byd pêl-droed does bosib y gallai fod wedi ei phasio at rywun gwaeth. O safbwynt Gwlad Belg, hynny yw! Ar adegau gwallgof, mae gan y chwaraewyr gorau y gallu i arafu amser. Tra bo pawb arall yn colli eu pennau yn llwyr, mae'r goreuon yn stopio ac yn gweld y darlun yn glir.

Dyna'n union wnaeth Bale. Roedd amddiffynwyr Gwlad Belg yn rhuthro'n ôl fel ffyliaid ac un o'r gôl-geidwaid gorau yn y byd yn cau'r bwlch yn gyflym.

Ei gyd-chwaraewyr yn bloeddio am y bêl...

30,000 o gefnogwyr yn dal eu hanadl...

Doedd dim yn poeni Bale. Er bod ei gefn at y gôl rheolodd y bêl ar ei fron ac mewn un symudiad trodd, gan daro'r bêl cyn iddi hyd yn oed gyffwrdd â'r llawr. Llithrodd drwy goesau'r gôl-geidwad i'r gôl. Roedd hanner eiliad o anghrediniaeth lwyr – cyn i'r stadiwm ffrwydro! Rhuthrodd Bale tua'r gornel, a'r gorfoledd ar ei wyneb yn cael ei adlewyrchu ar draws y cae. Ar draws y wlad!

Roedd y cyfan yn gwbl afreal. Un peth yw cystadlu gyda'r goreuon yn y byd pêl-droed. Ond ennill yn eu herbyn? Doedd bosib? Wrth gwrs, roedd bron tri chwarter y gêm yn weddill. Dros awr i geisio aros ar y blaen. A heb sbwylio'r diwedd i chi, dyna ddigwyddodd!

Mae hi'n annheg dewis un arwr. Roedd pob chwaraewr yn gawr y noson honno. Ond wedyn roedd Ashley Williams ar ryw lefel oruwchnaturiol. Roedd yn gadarn ac yn barod am y frwydr pan ddaeth Lukaku i'r cae i ymuno â Benteke yn yr ymosod – dau ymosodwr anferth chwe throedfedd, tair modfedd. Dim problem i Williams. Taflodd ei gorff tuag at y bêl droeon, gan stopio symudiadau yn stond. Roedd y floedd pan ruthrodd allan i rwystro cic rydd yr un mor fawr â'r waedd pan sgoriodd Bale. Ond roedd ochr bwyllog ei gêm yn hollbwysig hefyd. Roedd yn gweld bygythiad cyn iddo ddatblygu yn iawn, yn darllen y symudiadau ac yn camu i mewn ar yr eiliad gywir i gipio'r bêl. Arwr o amddiffynnwr!

Er gwaetha'r pwyso, roedd Cymru yn barod am Wlad Belg, a thua deg munud o'r diwedd digwyddodd rhywbeth bythgofiadwy.

Dechreuodd y dorf ganu'r anthem.

Dyw hyn ddim yn digwydd ar ganol gêm. Ar y dechrau, yn bendant. Ar y diwedd, o bosib. Ond byth yn ystod gêm. Yn enwedig yn ystod y deg munud olaf. Y deg munud mwyaf pwysig yn hanes diweddar pêl-droed Cymru. Ond, yn sydyn, dechreuodd y 'Gwlad, gwlad...!' atseinio o gwmpas y stadiwm. Roedd rhai o chwaraewyr Gwlad Belg yn edrych o'u cwmpas, wedi drysu'n llwyr. Beth yn y byd oedd yn digwydd yma?

Roedd Cymru yn chwarae i gyfeiliant y diffuant. Ac i feddwl bod rhai wedi sôn am symud y gêmau'n ôl i Stadiwm y Mileniwm. Gyda'r sŵn yn cynyddu a'r dagrau yn llifo doedd dim amheuaeth bod canlyniad rhyfeddol ar y gorwel. Bu'n rhaid i Bale adael y cae ddwy funud o'r diwedd. Prin ei fod e'n gallu cerdded heb sôn am redeg. Ond pan ddaeth y chwiban olaf roedd i'w weld yn brasgamu fel plentyn bach i ochr y cae. Aeth yn syth i gofleidio Chris Coleman a'r tîm hyfforddi.

Gyda'n gilydd yn gryfach, yn wir.

12/06/2015

Andorra	1–3	Cyprus
Bosnia & Herzegovina	3–1	Israel
Cymru	1–0	Gwlad Belg

Antur yn Ayia Napa

Mae hi'n syndod beth mae un fuddugoliaeth yn gallu ei wneud. Neu gyfres o fuddugoliaethau, a bod yn fanwl gywir. Roedd y momentwm y tu ôl i Gymru yn enfawr erbyn hyn, ond eto roedd yna deimlad fod y fuddugoliaeth gartref yn erbyn Gwlad Belg wedi newid popeth.

Roedd tynged Cymru yn eu dwylo eu hunain. Gyda phedair gêm i fynd roedd pawb yn gwybod y byddai dwy fuddugoliaeth arall fwy neu lai'n ddigon i sicrhau lle yn Ewro 2016. Cafodd hyn ei adlewyrchu yn rhestr detholion FIFA hefyd. Dyma'r tabl sy'n gosod gwledydd y byd mewn trefn o ran eu canlyniadau dros y blynyddoedd diwethaf. Ar un adeg roedd Cymru mor isel â 117 yn y byd – y tu ôl i gewri fel Guatemala a Guyana! Ond erbyn hyn roedd tîm Chris Coleman wedi hedfan i'r deg uchaf – yn uwch na rhai o fawrion y gêm fel Sbaen, yr Eidal a'r Iseldiroedd.

A ddeuddydd cyn y gêm yn Nicosia daeth cadarnhad bod Cymru wedi codi i'r nawfed safle – uwchben Lloegr, o bawb! Er bod llawer yn diystyru'r system, un o'r sgileffeithiau yw bod FIFA yn dewis eu detholion ar gyfer grwpiau rhagbrofol Cwpan y Byd o'r rhestr hon. Mae hyn yn golygu y bydd Cymru ymysg y prif ddetholion pan fydd y grwpiau'n cael eu dewis ar gyfer Cwpan y Byd 2018. Newid enfawr.

Ac roedd diddordeb enfawr yn y gêm yng Nghyprus. Roedd y garfan yn paratoi i chwarae yng Nghyprus ar nos Iau, y 3ydd o Fedi, cyn teithio'n ôl i Gaerdydd ar gyfer y gêm yn erbyn Israel ar y dydd Sul canlynol.

Roedd bron i dair mil o gefnogwyr wedi archebu tocynnau. Roedd y cyfuniad o'r tîm yn gwneud yn dda a'r cyfle i flasu ychydig o haul diwedd haf yn eu denu i'r ynys. Cyfle mawr i'w morio hi ym Môr y Canoldir. Mae'r ynys yn llawn hanes a diwylliant, traethau hyfryd a thywydd braf, ond mae hi'n bosib mai bariau Ayia Napa oedd yn denu llawer o'r ffyddloniaid. Disgo drwy'r nos a phartïon yn y pyllau nofio oedd ar yr agenda i lawer. Ac erbyn diwrnod y gêm roedd wynebau (a boliau) ambell gefnogwr mor goch â chrysau Cymru.

Er gwaetha'r pryder am anaf i Gareth Bale, roedd yr arwr wedi ei gynnwys yn y garfan. Ond roedd Joe Allen allan oherwydd gwaharddiad. Cafodd ei ail gerdyn melyn yn ystod yr ymgyrch yn y fuddugoliaeth yn erbyn Gwlad Belg. Ond roedd yn dioddef gydag anaf hefyd, felly roedd yn annhebygol o fod ar gael ar gyfer y gêm nesaf yn erbyn Israel ta beth. Roedd Allen yn ymgorffori'r arwyr tawel yn y tîm. Tra oedd y wasg yn canolbwyntio ar gampau Bale – a pham lai! – roedd chwaraewyr fel Joe'n gwneud eu gwaith yn dawel, gan roi popeth dros yr achos drwy gydol y grŵp.

Byddai un arall o'r arwyr tawel, Joe arall, yn colli'r gêm hefyd. Tynnodd Joe Ledley gyhyr yn ei goes reit ar ddiwedd y sesiwn ymarfer olaf, felly dyna ergyd arall i Gymru. Er bod digon o opsiynau yng nghanol y cae gyda Dave Edwards o Wolves yn ôl, roedd hyn yn bendant yn bryder. Yn ôl hefyd y daeth yr amddiffynwyr Ben Davies a James Collins, ar ôl colli'r gêm ddiwethaf oherwydd anafiadau. Byddai hyn yn fwy o hwb erbyn wythnos y gêm ar ôl clywed bod James Chester allan. Roedd lle hefyd i chwaraewr ifanc o Lerpwl, Jordan Williams.

Roedd y gêm gartref yn erbyn Cyprus wedi bod yn noson anodd wrth i'r ymwelwyr wneud popeth yn eu gallu i stopio Gareth Bale. Cafodd ei gicio'n ddidrugaredd o'r dechrau i'r diwedd. Serch hynny, Cymru orffennodd gyda deg dyn, ar ôl i Andy King gael ei anfon o'r cae ar ddechrau'r ail hanner. Er hyn, roedd neges King yn gwbl glir cyn y gêm – os byddwch chi'n ein cicio ni, fe fyddwn ni'n eich cicio chi'n ôl!

Syml ond effeithiol.

Doedd dim gymaint â hynny o sioc o ran y

tîm: Ben Davies, Dave Edwards ac Andy King yn dechrau yn lle James Chester a'r ddau Joe, Ledley ac Allen. Yn y gôl roedd Wayne Hennessey yn ennill ei hanner canfed cap.

Yr hyn oedd yn poeni Cymru oedd y gwres, a chyflwr y cae. Roedd y cae yn sych ac yn galed dros ben ac roedd hi'n argoeli'n noson hir arall yn erbyn Cyprus. Ond er y gwres roedd un peth yn sicr – byddai Chris Coleman yn cadw ei siaced amdano. Mae'r byd pêl-droed yn llawn ofergoelion gwallgof ac roedd y rheolwr wedi cyfaddef bod ganddo ef un – gwisgo'i siaced.

Roedd dyddiau cynnar Coleman yn y swydd yn rhai anodd dros ben ac yn ystod y cyfnod hwnnw fe gollodd Cymru o 6 i 1 yn Serbia. Tynnodd y bòs ei siaced yn ystod y gêm a dyw e ddim wedi gwneud hynny ers y gêm honno! Gwallgof neu beidio, nid dyma'r adeg i fentro wynebu melltith y duwiau pêl-droed, yn enwedig ar yr ynys sy'n cael ei galw'n faes chwarae'r duwiau.

Byddai gôl gynnar wedi setlo'r nerfau yn syth ond doedd hi ddim i fod, mewn hanner cyntaf rhwystredig iawn. Bu bron i Aaron Ramsey daro ar ôl chwe munud yn unig. Bant â Bale ar rediad cryf cyn pasio i Ramsey, ac er bod Bale wedi parhau i redeg ac yn disgwyl y bêl yn ôl, aeth Ramsey amdani gyda'i droed dde. Er i'r bêl gyrlio a dechrau disgyn tua'r gôl, doedd hi ddim yn ddigon agos i greu bygythiad go iawn. Dros y bar yr aeth hi.

Chwe munud yn ddiweddarach ac fe ddylai Cymru fod wedi bod ar y blaen. Daeth cic rydd bwerus gan Bale. Llwyddodd y gôl-geidwad Antonis Georgallides i'w harbed gyda'i draed ond glaniodd yn syth wrth draed Neil Taylor. Bum llath allan, a'r gôl yn llydan agored, gwelwyd pam nad yw Taylor yn sgorio llawer. Tarodd yr ergyd yn syth at Georgallides.

Dihangfa i Gyprus. Ac roedd yna ddihangfa arall, un enfawr, ar ôl 25 munud. Bale, wrth gwrs, oedd yn ei chanol hi eto. Roedd croesiad Taylor o'r chwith yn rhy gryf i bawb ond roedd Bale yno, yn barod amdani. Torrodd yn ôl ar ei droed chwith gan groesi i'r canol. Yn cyrraedd o ganol y cae i ganol clwstwr o grysau coch a glas roedd Dave Edwards i benio i'r gôl.

Ond na! Roedd y dyfarnwr wedi gweld trosedd, er mawr syndod i Gymru. Roedd Hal Robson-Kanu wedi gwthio amddiffynnwr, yn ôl y gŵr gyda'r chwiban. Ond, er edrych yn ôl ar y symudiad dro ar ôl tro, mae hi'n amhosib gweld trosedd. Neidio am y bêl oedd unig 'drosedd' Robson-Kanu. A fyddai hynny'n profi'n gostus?

Er i Bale a Ramsey fygwth sawl gwaith, gorffennodd yr hanner cyntaf yn ddi-sgôr, gyda'r gêm yn arafu ar adegau. Nid bod hynny'n mynd i boeni Chris Coleman. Roedd hen ddigon o amser i sicrhau buddugoliaeth enfawr.

Doedd Cyprus ddim allan ohoni o ran cyrraedd Ffrainc chwaith ac roedd hynny i'w weld yn yr ail hanner. Gyda gêmau'n dechrau diflannu, roedd y tîm cartref yn gwybod bod angen canlyniad da i'w cadw o fewn cyrraedd i'r ceffylau blaen. A Chyprus oedd yn bygwth wedi'r egwyl. Nid bod llawer o waith i Hennessey yn y gôl, cofiwch. Ergydion o bellter oedden nhw, a'r rhan fwyaf yn bell o'r gôl. Serch hynny, doedd Cymru ddim yn rheoli ac roedd y blinder yn amlwg yn y gwres llethol.

Daeth Sam Vokes i'r cae yn lle Robson-Kanu wrth i Gymru edrych am ail wynt. Ond roedd amser yn brin. Doedd Aaron Ramsey ddim wedi bod ar ei orau, ond un o rinweddau'r chwaraewr yw nad yw byth yn diflannu mewn gêm. Roedd yn barod am y bêl drwy'r amser, yn barod i geisio creu rhywbeth, yn barod i fentro. Ddeg munud cyn y diwedd, rhuthrodd i dderbyn y bêl gan Taylor cyn ei tharo'n syth at y gôl-geidwad. Gwthiodd ei gorff unwaith eto funudau'n ddiweddarach i gyrraedd y cwrt cosbi ac i ennill cic gornel. Ac er i Gyprus glirio'r bygythiad roedd Cymru'n dal i bwyso.

Saith munud i fynd, a'r Cochion yn cael

tafliad yn ddwfn yn hanner Cyprus. Ramsey oedd yno eto, yn barod i'w gymryd yn gyflym at Andy King. Derbyniodd y bêl yn ôl yn syth gan King ac yna gwelodd rediad bach Jazz Richards. Fyddai neb wedi proffwydo y byddai Jazz wedi bod mor amlwg yn y ddwy gêm ddiwethaf, ond ar ôl perfformiad gwych yn erbyn Gwlad Belg roedd wedi disgleirio eto yng Nghyprus.

Ac roedd gwell i ddod. Roedd y bêl gan Ramsey iddo gyda'i droed chwith yn edrych yn syml ond eto, dyna yw dawn y chwaraewyr gorau. Fflic bach gan Ramsey gyda'i droed anghywir y tu ôl i'r amddiffynnwr ac yn syth at Richards ar ochr y cwrt cosbi.

Doedd neb mewn crys glas yn agos iddo. Cododd ei ben, cyn codi'r bêl tua'r postyn pellaf.

Ac yno roedd Gareth Bale. Eto. Mae hi'n hawdd anghofio bod Bale mor dal – nid y talaf yn y byd pêl-droed o bell ffordd ond eto mae'n sefyll dros chwe throedfedd yn nhraed ei sanau. Er gwaethaf hynny mae ganddo'r ddawn i godi uwchben ei wrthwynebwyr.

Mae chwaraewyr wastad yn dweud ei bod hi'n haws rhedeg ymlaen at y bêl na neidio i fyny wrth sefyll yn stond. A dyna wnaeth Bale.

Tri cham. Un naid. Ac un peniad nerthol i'r gôl.

Rhuthrodd yr holl ffordd i'r llinell hanner

gan redeg yn syth at fainc Cymru. Yno yn ei ddisgwyl roedd yr eilyddion a'r tîm hyfforddi. Mae yna lun anhygoel wedi ei dynnu'r tu ôl i Bale sy'n dangos wynebau pawb yn ei ddisgwyl. Reit yn y blaen mae Chris Coleman ac Osian Roberts, fel tadau balch yn barod i'w gofleidio. Mae Osian Roberts wedi treulio blynyddoedd yn hyfforddi hyfforddwyr ac un cyngor clir yw: peidiwch â cholli'ch pennau wrth ochr y cae. Mae wedi cyfaddef ei hun y bydd yn rhaid iddo newid y cyfarwyddiadau nawr!

Doedd dim llawer o amser ar ôl, ond digon o amser i Gyprus ymateb a chreu ambell gyfle. A hen ddigon o amser i chwalu nerfau'r cefnogwyr! Os nad oedd y gwres wedi achosi pendro, yna roedd y diweddglo yn siŵr o ddrysu pawb. Ond pan ganodd y chwiban olaf i dorri ar yr artaith, roedd y gêm ar ben a'r parti mwyaf ers blynyddoedd ar fin dechrau.

Mae'r golygfeydd ar y diwedd yn werth eu gweld. Chwaraewyr yn cofleidio, hyfforddwyr yn neidio o gwmpas y cae a'r cefnogwyr yn un haid o hapusrwydd. Roedd yna gwtsh, *huddle* unwaith eto, gyda'r capten Ashley Williams i'w weld yn pregethu ei neges feunyddiol. Doedd dim byd yn bendant – roedd gwaith i'w wneud eto. Ond wrth i'r chwaraewyr droi i gyfarch y cefnogwyr doedd neb yn gallu cuddio'r gorfoledd. Roedd

Ffrainc yn agosáu, a hynny mewn steil.

Roedd Cymru wedi ennill tair gêm yn olynol a heb ildio gôl mewn pedair gêm – y tro cyntaf i hynny ddigwydd ers 1981. Gyda thair gêm i fynd roedd y tîm cenedlaethol dri phwynt yn glir ar frig y grŵp rhagbrofol. Yn bwysicach na hynny – gan fod dwy wlad yn mynd drwodd i Ewro 2016 – roedd pum pwynt o fwlch rhwng Cymru ac Israel, oedd yn y trydydd safle. Ennill gartref, felly, yn erbyn Israel ac mi fyddai'r cyfan ar ben. A phwy a ŵyr, efallai y byddai hyd yn oed Chris Coleman yn tynnu ei siaced!

Yng nghanol y miloedd o eiriau a gafodd eu hysgrifennu yn dilyn y gêm, llwyddodd y Prifardd Llion Jones i grynhoi'r cyfan mewn un cwpled perffaith:

'Nerth ei ben daeth Gareth Bale
I'n gyrru tua'r gorwel.'

03/09/2015

Cyprus	0–1	Cymru
Gwlad Belg	3–1	Bosnia & Herzegovina
Israel	4–0	Andorra

Dathlu o'r diwedd?

Roedd y dyddiau yn dilyn y fuddugoliaeth yn erbyn Cyprus yn afreal, a dweud y lleiaf. Roedd Cymru mor agos at gyrraedd Ffrainc fel bod bron modd blasu'r 'caws a gwin a langoustine' fel y dywedodd Twm Morys.

Ar yr adeg yma mae cefnogwyr yn estyn am gyfrifiannell a cheisio darogan beth yn union sydd ei angen er mwyn sicrhau llwyddiant. Ac er gwaetha'r holl bosibiliadau roedd yr un canlyniad yn ymddangos dro ar ôl tro. Roedd angen tri phwynt arall ar Gymru i gyrraedd Ffrainc. Dyna i gyd. Ac roedd hyd yn oed hynny'n ddibynnol ar i'r gwledydd eraill yn y grŵp ennill pob gêm. Gan fod gêm olaf Cymru gartref yn erbyn Andorra, roedd y gwaith fwy neu lai wedi ei wneud. Doedd bosib na fyddai'r tîm yn gallu cipio tri phwynt gartref yn erbyn y tîm gwannaf yn y grŵp – ac un o dimau mwyaf gwan y cyfandir?

Ond does dim byd yn syml yn y byd pêl-droed ac mae cefnogwyr Cymru'n gwybod hynny'n iawn. Am bob un oedd yn dechrau trefnu gwyliau i Ffrainc, roedd yna fwy yn gwrthod hyd yn oed ynganu'r geiriau. Fel actor sydd yn mynnu dweud y 'Scottish Play' yn hytrach na 'Macbeth', roedd yna ansicrwydd afresymol i'w deimlo. Nid bod hynny i'w weld ar y strydoedd o gwmpas y stadiwm yng Nghaerdydd chwaith. Wrth i'r haul wenu roedd yna awyrgylch parti go iawn ond eto, o stopio i siarad a holi ambell un, roedd y nerfau yn amlwg. Wedi'r holl flynyddoedd o siom a methiant, roedd yr hen bennau'n gwybod y gallai unrhyw beth ddigwydd.

'Dydyn ni ddim wedi cyflawni unrhyw beth eto' oedd neges glir y rheolwr Chris Coleman. Er, mae hyd yn oed y bòs wedi cyfaddef ers hynny ei fod yn meddwl bod y cyfan ar ben. Doedd neb chwaith yn siŵr sut i ymateb, a Chymru mor agos. Ar ôl breuddwydio am yr eiliad drwy gydol eich bywyd mae'n anodd gwybod yn union beth i'w wneud pan ddaw'r foment fawr. Ond dwi'n amau a oedd y cefnogwyr yn poeni gormod am hynny. Maen nhw'n feistri ar ddathlu a threfnu parti.

Wrth i'r chwaraewyr gyrraedd y stadiwm mae'n siŵr bod yr olygfa wedi eu taro. Roedd miloedd o bobol yno'n eu cyfarch. Fel arfer pan mae'r garfan yn camu o'r bws i'r stadiwm mae yna ambell floedd, yn enwedig i Gareth Bale ac Aaron Ramsey. Ond y tro yma roedd pawb yn cael ymateb.

Pob un yn arwr cyn yr awr fawr.

Gyda'r tywydd yn berffaith a'r llwyfan wedi ei osod, roedd y gorfoledd yr un mor amlwg yn y stadiwm hefyd. Yn anffodus, roedd miloedd yn dal i geisio dod i mewn. Bum munud cyn y gic gyntaf roedd ciw enfawr o gefnogwyr rhwystredig, chwyslyd yn troelli o amgylch y stadiwm. Yn oes Facebook a Twitter mae'r lluniau a'r cwynion yn cael eu rhannu'n gyflym iawn ac roedd llawer yn ymwybodol o'r sefyllfa. Serch hynny, doedd dim bwriad i ohirio'r gic gyntaf – trueni mawr i'r rheiny oedd yn ciwio a chwyno.

Ond doedd hynny ddim wedi difetha'r awyrgylch. Canwyd yr anthem. Codwyd y to.

Beth yn y byd allai fynd o'i le?

Yn anffodus, doedd Israel ddim wedi darllen y sgript. Ar ôl colli'n drwm gartref yn erbyn Cymru, roedd yr ymwelwyr yn benderfynol nad oedd yr un peth yn mynd i ddigwydd yng Nghaerdydd. Roedd y bwriad yn amlwg – eistedd yn ôl ac amddiffyn gan obeithio bod modd cipio gôl o gic rydd neu gic gornel. Mae hynny ynddo'i hun yn ganmoliaeth enfawr i Gymru. Prin iawn yw'r esiamplau o wledydd eraill yn gwneud hyn yn eu herbyn yn y gorffennol. Dyma oedd cynllun Cymru fel arfer yn y blynyddoedd a fu.

Dechreuodd y Cochion ar dân. Roedd y tempo'n uchel a'r pasio'n chwim. Roedd Aaron

Ramsey yn rhedeg y sioe ac Israel yn ail i bopeth. Daeth cyfle da i Ramsey ar ôl wyth munud yn unig. Hal Robson-Kanu yn rhyddhau Andy King, ac er ei fod e'n glir yn y cwrt roedd yr ongl yn anodd. Llwyddodd y gôl-geidwad i arbed ei ergyd ond hedfanodd y bêl yn uchel i'r awyr tuag at Ramsey. Gyda'r dorf yn barod i ddathlu, peniodd dros y bar. Doedd e ddim yn gyfle hawdd, ond roedd yn gyfle da, heb os. Mae gôl gynnar yn gallu gwneud gymaint o wahaniaeth, ond er i Gymru barhau i bwyso roedd Israel yn dal eu tir. Bu'n rhaid iddyn nhw amddiffyn yn gyson fwy neu lai am yr hanner awr cyntaf. Ac wrth i'r hanner cyntaf ddirwyn i ben roedd gêm Cymru yn dechrau arafu.

A'r cefnogwyr yn dechrau tawelu yn y tes.

Yr un oedd y patrwm ar ddechrau'r ail hanner ac roedd yna deimlad annifyr yn dechrau llenwi Stadiwm Dinas Caerdydd. Doedd bosib fod Israel yn mynd i sbwylio'r parti? Am unwaith, doedd yr archarwr Gareth Bale ddim yn gallu achub y tîm, er iddo wneud popeth o fewn ei allu. Rhediad pwerus i lawr y canol ond yr ergyd gadarn yn mynd yn bell dros y bar. Funudau'n ddiweddarach roedd yna gic rydd reit ar ochr y cwrt cosbi ar ôl trosedd ar Robson-Kanu.

Gyda 30,000 a mwy yn dal eu hanadl camodd Bale ymlaen. Roedd yr ymdrech yn agos ond unwaith eto, methodd daro'r targed. Roedd y dorf ar ei thraed eto ar ôl i King benio'n syth at y gôl-geidwad o gic gornel. Ac roedd pawb yn gweiddi am gic o'r smotyn ar ôl llawio amlwg yn y cwrt cosbi. Wrth i Robson-Kanu gystadlu gydag Eitan Tibi yn y cwrt, cododd yr amddiffynnwr ei law a gwyro'r bêl i ffwrdd.

Roedd Robson-Kanu wedi gweld hyn. Roedd hanner y stadiwm wedi gweld hyn. Ond doedd y dyfarnwr ddim yn cytuno. I wneud y sefyllfa'n waeth, roedd yna swyddog ychwanegol yn sefyll y tu ôl i'r llinell gôl, gyda golygfa berffaith! Ond na, dim cic o'r smotyn. Ar ôl poen y ciciau o'r smotyn yn y gorffennol, mi fyddai wedi bod yn hyfryd cael y cyfle i gladdu'r hunllefau unwaith ac am byth. Ond mae hi'n bosib y byddai Cymru wedi methu!

Gydag eiliadau'n weddill roedd y bêl yn y rhwyd. Cic rydd hir a Bale yn codi, gan guro dau amddiffynnwr, ac yn llechu yn y cwrt roedd Simon Church. Peniodd y bêl yn dwt dros y gôl-geidwad, ond hyd yn oed wrth i ambell gefnogwr ddathlu roedd Church wedi gweld y lluman yn codi.

Dim camgymeriad y tro yma – roedd y camsefyll yn amlwg.

A dyna ni. Diwedd y gêm ac roedd pawb yn teimlo'n fflat braidd wrth adael y stadiwm.

Roedd y tîm wedi cyflawni cymaint fel bod pawb wedi dechrau disgwyl llwyddiant ym mhob gêm. Tipyn o newid.

Ond nid dyma oedd y diwedd. Roedd dau gyfle arall i ddod. Ac ar ôl aros 57 mlynedd i gyrraedd prif gystadleuaeth, beth oedd un mis bach arall?

Nid dyna oedd y diwedd ar y diwrnod chwaith. Yn ddiweddarach roedd Gwlad Belg yn chwarae yng Nghyprus a tasen nhw ddim yn ennill byddai Cymru yn bendant drwodd. Doedd neb wedi meddwl yn wirioneddol y byddai hynny'n digwydd chwaith. A doedd rhai ddim hyd yn oed yn ymwybodol o'r sefyllfa. Ond gyda phum munud yn weddill yn Nicosia roedd y gêm yn ddi-sgôr.

Yn sydyn roedd tafarndai Caerdydd a Chymru gyfan wedi dechrau llenwi gyda chefnogwyr yn llawn cwrw a gobaith. Doedd bosib fod y cyfan yn mynd i ddod i ben fel hyn? Roedd llawer ar yr A470 yn ceisio darganfod beth yn y byd oedd yn digwydd 2,500 o filltiroedd i ffwrdd. Mewn ffordd, byddai hynny wedi bod yn addas o gofio'r gomedi dywyll sydd wedi amgylchynu pêl-droed Cymru ar hyd y blynyddoedd.

Ond, gyda phedair munud i fynd, sgoriodd Eden Hazard i sicrhau buddugoliaeth i Wlad Belg. Er bod pawb yn ysu i weld Cymru'n croesi'r llinell a sicrhau eu lle yn Ffrainc, roedd yna elfen fach o ryddhad hefyd. Ar ôl yr holl ddisgwyl, mi fyddai wedi bod yn od iawn gweld yr eiliad fawr yn cyrraedd a phawb ar wasgar.

Roedd y canlyniad yn golygu bod rhaid aros am fis bach arall.

Roedd hefyd yn golygu bod Cymru gyfan yn mynd i gael y cyfle i ddathlu gyda'i gilydd.

06/09/2015

Cymru	0–0	Israel
Cyprus	0–1	Gwlad Belg
Bosnia & Herzegovina	3–0	Andorra

Colli er mwyn ennill

Deuparth gwaith yw ei ddechrau yw'r hen ddywediad – ond gorffen y gwaith oedd gobaith Cymru ym Mosnia a Herzegovina.

Fis ar ôl y gêm ddi-sgôr yn erbyn Israel, roedd carfan Chris Coleman yn hedfan i Sarajevo gan wybod mai pwynt yn unig oedd ei angen i sicrhau lle yn Ewro 2016.

Roedd hi hefyd yn flwyddyn union ers y gêm ddi-sgôr gartref yn erbyn Bosnia, ac roedd hi'n amhosib peidio ag edrych yn ôl a rhyfeddu at y deuddeg mis diwethaf.

Dyn dewr, neu ddyn dwl iawn, fyddai wedi proffwydo y byddai Cymru'n mynd drwy'r grŵp rhagbrofol heb golli gêm. Ychwanegwch y buddugoliaethau campus yn Israel, a gartref yn erbyn Gwlad Belg, ac roedd y trawsnewidiad yn enfawr. Erbyn hyn roedd pawb yn disgwyl i Gymru gyrraedd Ffrainc – y cwestiwn oedd, pryd?

Wrth drafod hanes pêl-droed Cymru mae'r geiriau 'dioddef' a 'trasiedi' yn ymddangos yn aml. Does dim dadlau â'r gair 'dioddef' ond mae angen rhoi popeth yn ei gyd-destun. Ddylai neb ddefnyddio'r gair 'trasiedi' wrth sôn am chwaraeon. Roedd teithio i'r Balcanau yn atgoffa pawb o hynny. Mae crwydro hen ddinas hyfryd Sarajevo yn eich atgoffa beth yw trasiedi go iawn. Mae creithiau'r rhyfel cartref i'w gweld ar yr adeiladau – ac ar ambell wyneb. Am bob gwesty moethus, crand sydd wedi'i godi yn ddiweddar mae yna adfail, sy'n atgof o'r erchylltra a ddigwyddodd ugain mlynedd yn unig yn ôl.

Wrth i ni ddathlu 'Cool Cymru' yng nghanol y 1990au roedd Sarajevo dan warchae – y gwarchae hiraf ar unrhyw ddinas yn yr oes fodern. Er bod y rhyfel wedi hen orffen mae'r rhaniadau yn dal yn y wlad, ond mae yna obaith ar gyfer y dyfodol hefyd. Mae chwaraeon yn rhan o hynny. Roedd yna ddathlu gwyllt ar ôl i'r tîm pêl-droed cenedlaethol gyrraedd Cwpan y Byd 2014. Dyma oedd y cyfle iddyn nhw weld eu gwlad ar y llwyfan mwyaf – gan adlewyrchu balchder cenedl ac uno pobol.

Gweld eu gwlad ar y llwyfan mawr oedd gobaith cefnogwyr Cymru hefyd, wrth gwrs – ond roedd angen cofio beth oedd trasiedi go iawn.

Er mai Sarajevo oedd y brifddinas, roedd y gêm i'w chwarae yn Zenica – dinas dipyn llai i'r gogledd. Stadiwm dipyn llai hefyd gyda lle i 15,000 o gefnogwyr swnllyd. Roedd hyn yn golygu bod llai o docynnau i gefnogwyr Cymru.

700 tocyn yn unig oedd ar gael – llai na chwarter y nifer oedd wedi teithio i Gyprus. Ond roedd system wobrwyo'r Gymdeithas Bêl-droed yn golygu bod y ffyddloniaid yn sicr o weld y gêm.

Mae cefnogwyr pêl-droed yn griw od, a dweud y lleiaf. Ar ôl dioddef siom ar ôl siom does dim amheuaeth bod y llwyddiant diweddar yn newid pleserus dros ben. Ond roedd llawer yn anhapus gyda'r diddordeb newydd o gwmpas y tîm. Roedd y rheiny oedd yn gwylio am y tro cyntaf ers blynyddoedd yn cael eu cyhuddo o neidio ar y *bandwagon* – cefnogwyr ceiniog a dimai, yn ymuno ar gyfer y dyddiau da gan golli diddordeb yn y dyddiau gwael. Ac er bod elfen o wirionedd yn hyn, roedd clywed cefnogwyr yn beirniadu cefnogwyr eraill yn drist dros ben. Oes, mae rhai yn neidio ar y *bandwagon*, ond does bosib fod digon o le i bawb. Byddai angen wagen enfawr yr haf nesaf tase Cymru yn cyrraedd Ffrainc.

Ond yn y glaw yn Zenica, doedd dim angen poeni am grysau rygbi a hetiau daffodil. Roedd y 700 ffyddlon yn y fan a'r lle ac yn gobeithio bod yn dyst i hanes.

Am unwaith, roedd Cymru fwy neu lai ar eu cryfaf – er bod Gareth Bale wedi colli ambell gêm i Real Madrid. Doedd gorffwys yr arwr ddim hyd yn oed yn ystyriaeth i Chris Coleman a byddai'r chwaraewr ei hun wedi gwylltio o glywed y drafodaeth. Yn ôl i ganol y cae daeth y ddau Joe – Allen a Ledley – ond doedd James Chester ddim yn holliach ac felly bu'n rhaid iddo fodloni ar le ar y fainc.

Roedd tîm hyfforddi Bosnia wedi bod y poeni am ffitrwydd un o'u sêr – yr ymosodwr Edin Džeko. Ar un adeg doedd dim disgwyl iddo chwarae o gwbl oherwydd anaf i'w goes. Ond wrth i'r gêm agosáu roedd hyfforddwyr y wlad yn awgrymu ei fod e'n gwella. Ar y fainc roedd y cawr yn y pen draw, ac roedd Bosnia hefyd heb y chwaraewr canol cae dylanwadol Muhamed Bešić oherwydd gwaharddiad.

Serch hynny, roedd hen ddigon o dalent yn nhîm Bosnia i boeni Cymru. Rhaid cofio mai Bosnia oedd prif ddetholion y grŵp, ac er gwaetha'r dechrau ofnadwy roedd y gêmau ail gyfle yn dal i fod yn freuddwyd. Ac roedd hynny'n cael ei adlewyrchu yn y chwarae hefyd, gyda'r tîm cartref yn mwynhau digon o feddiant. Ond roedd Cymru yn edrych yn gyfforddus wrth amddiffyn ac yn beryglus pan ddaeth cyfleoedd i ymosod.

Daeth sodliad slic gan Bale, gan ryddhau Ramsey, ond roedd amddiffyn Bosnia yn barod. Roedd Hal Robson-Kanu yn gryf, yn rhyddhau Ramsey eto – wrth iddo dorri o'r dde roedd hi'n dechrau edrych yn addawol ond, rywsut, llwyddodd Asmir Begović i rwystro Ramsey a Neil Taylor.

Ddeg munud wedi'r egwyl roedd Bale yn glir ac yn gwibio i'r cwrt cosbi i lawr y chwith, ond a'r bêl ar ei droed chwith hedfanodd yr ergyd yn bell heibio'r postyn. Roedd pwynt yn ddigon i Gymru ac wrth i'r munudau ddiflannu roedd y cyffro'n cynyddu. Roedd angen buddugoliaeth ar Fosnia, wrth gwrs, ond gyda hanner awr yn weddill doedd y tîm ddim wedi llwyddo i fygwth gôl Wayne Hennessey.

Penderfynodd y rheolwr, Mehmed Baždarević, eilyddio. Ymlaen y daeth Milan Đurić – ymosodwr chwe throedfedd, chwe modfedd. Gydag ugain munud yn weddill tarodd Bosnia gic rydd obeithiol tua'r cwrt – ac am unwaith roedd amddiffyn Cymru yn ansicr. Bownsiodd y bêl yn y cwrt a manteisiodd Đurić gan ei chodi'n uchel dros ben Hennessey.

Roedd Cymru ar ei hôl hi. Dyna oedd y tro cyntaf i'r tîm yma ildio gôl mewn 574 o funudau. Doedd neb wedi llwyddo i sgorio yn eu herbyn ers Cyprus yng Nghaerdydd dros flwyddyn yn ôl.

Ond roedd yna ddatblygiadau dramatig yn Jerwsalem. Er bod angen pwynt ar Gymru i gyrraedd Ewro 2016, roedd yn rhaid i Israel ennill gartref yn erbyn Cyprus. Unrhyw ganlyniad arall a byddai Cymru yn Ffrainc ta beth. Gyda hanner awr yn weddill fe sgoriodd Cyprus. Roedd ambell un o gefnogwyr Cymru wedi clywed; ambell decst yn cyrraedd o Gymru – y signal gwan ar y ffôn symudol yn deffro am eiliad i ddangos bod gôl wedi mynd i mewn. Ond doedd neb ar y cae yn gwybod hyn. Na chwaith y rhai wrth ochr y cae. Roedd Chris Coleman wedi rhybuddio pawb i beidio â meddwl am beth oedd yn digwydd yn y gêm arall.

Bum munud ar ôl i Fosnia sgorio fe sgoriodd Israel. Roedd hi'n 1–1 yn Jerwsalem. Ond, hyd yma, roedd Cymru'n dal i fynd i Ffrainc. Erbyn hyn roedd hi'n amhosib canolbwyntio ar yr hyn oedd yn digwydd ar y cae. Roedd gohebydd teledu Sky, Bryn Law, wrth ochr y cae hefyd yn clywed y sylwebaeth o Israel yn ei glustffonau. Mae Bryn yn gymeriad poblogaidd ac yn gefnogwr i'r carn. Roedd llawer o'i ffrindiau ymysg y dorf a sawl un yn ceisio cysylltu ag e er mwyn clywed sgôr Israel.

Gyda llai na deg munud i fynd yn Zenica daeth newyddion syfrdanol o Jerwsalem. Roedd Cyprus wedi sgorio eto.

'Bryn Law – what's the score?' oedd y gri gan gefnogwyr Cymru wrth iddo ddynodi gyda'i fysedd ei bod hi'n 2–1 i Gyprus. Dwi'n amau a oedd llawer o gefnogwyr Cymru yn gyfarwydd â Jason Demetriou, ond roedd amddiffynnwr Walsall a Chyprus ar fin newid hanes pêl-droed yn ein gwlad.

Bu bron i Bale gipio gôl a chipio'r pwynt oedd ei angen ar Gymru yn dilyn cic gornel Ramsey. Ond gydag eiliadau'n weddill sgoriodd Bosnia yr ail – Vedad Ibišević yn taro o ychydig gentimetrau yn unig.

Gorffennodd y gêm a dechreuodd y dryswch. Roedd y chwaraewyr a'r hyfforddwyr yn dechrau clywed adroddiadau bod Israel wedi colli – ond doedd neb yn siŵr. Roedd y cefnogwyr eisiau dechrau dathlu yn y gornel ond doedd y sgôr derfynol ddim wedi cyrraedd o Jerwsalem.

Yn sydyn, daeth y neges – roedd Israel wedi colli. Roedd Cymru yn Ffrainc!

Dechreuodd y cefnogwyr hanner dathlu, ond roedd rhai'n dal i amau'r adroddiadau. A doedd y rheolwr a'r chwaraewyr yn bendant ddim yn deall yn iawn beth oedd yn digwydd. Wrth i Chris Coleman gerdded tuag at y cefnogwyr i ddiolch am eu cefnogaeth, camodd Mark Evans o'r Gymdeithas Bêl-droed ato a dweud yn dawel,

'Israel, one... Cyprus, two.'

Am eiliad doedd Coleman ddim yn siŵr a oedd Mark wedi dweud, 'Israel won...'

Ond dyma'r niwl yn clirio ac anferthedd y

sefyllfa yn ei daro. Trodd at y cefnogwyr gan frasgamu yn y glaw – cododd ei freichiau a'i ddwylo'n ddyrnau. Roedd y floedd yn dweud y cyfan.

Ar ochr arall y cae dyma'r chwaraewyr yn gweld y rheolwr yn dathlu ac yn sylweddoli o'r diwedd beth oedd wedi digwydd. Diflannodd y siom o golli yn erbyn Bosnia wrth i'r garfan ruthro at Coleman a'r cefnogwyr. Gareth Bale oedd ar y blaen, yn deifio ar ei fol gan lithro ar y tir gwlyb. Dilynodd pob un o'r Dreigiau ei esiampl.

Roedd y cefnogwyr yn eu dagrau ac yn eu seithfed nef gan wybod bod y disgwyl ar ben. Ar ôl siom y gorffennol roedd y presennol yn baradwys i'r ffyliaid ffyddlon.

Doedd dim angen poeni mwy am fraich Joe Jordan, na Paul Bodin yn taro'r bar. Gellid anghofio am Rwsia a'r gêmau ail gyfle a'r holl droeon trwstan oedd wedi diffinio pêl-droed Cymru. Roedd y darlun wedi newid yn gyfan gwbl. Nid oherwydd goliau Cyprus yn Israel ond oherwydd yr hyn roedd y criw yma wedi ei gyflawni gyda'i gilydd.

Roedd y disgwyl ar ben. Yn y stadiwm ac yn y stafell newid, yn ôl ym mariau hen ddinas Sarajevo ac ar draws Cymru, roedd y dathlu megis dechrau. Gydag un gêm i fynd yn y grŵp roedd yna gyfle i ddathlu yn iawn, gartref yn erbyn Andorra ymhen tridiau.

Roedd yna barti yn y brifddinas ac roedd gwahoddiad i bawb.

10/10/2015

Andorra	1–4	Gwlad Belg
Bosnia & Herzegovina	2–0	Cymru
Israel	1–2	Cyprus

Diolch

Mae cefnogwyr Cymru yn mwynhau parti ac roedd y gêm olaf yn y grŵp yn gyfle gwych i ddathlu llwyddiant y tîm cenedlaethol. Roedd gohebwyr wedi holi Chris Coleman droeon ai'r criw yma o chwaraewyr oedd y genhedlaeth euraid. Roedd ei ateb yn gyson: 'Gawn ni weld. Dydyn nhw ddim wedi cyflawni dim byd eto.'

Ar ôl y gêm ym Mosnia dywedodd yn blwmp ac yn blaen, 'Nawr gallwch chi eu galw nhw'n genhedlaeth euraid!'

Mae hi'n hawdd anghofio bod y grŵp yma o chwaraewyr mor ifanc. Yn y garfan arferol dim ond tri ohonyn nhw sydd yn eu tridegau – Ashley Williams, James Collins a David Vaughan. Mae'r rhan fwyaf yng nghanol eu hugeiniau a hyfryd yw meddwl bod mwy i ddod. Y dechrau yw hyn, nid y diwedd.

Roedd hi'n wych clywed yr ymateb ar ôl y gêm. Yng nghanol y parti gwyllt ar y cae, ar ôl sylweddoli bod y freuddwyd o gyrraedd prif gystadleuaeth yn awr yn realiti, roedd pob chwaraewr yn barod am yr her nesaf.

'Ry'n ni i gyd fel brodyr ar y cae a dyma sy'n digwydd pan y'ch chi'n teimlo fel yna,' dywedodd Gareth Bale. 'Ry'n ni wedi gwireddu breuddwyd ond dyw'r daith ddim ar ben. Mae'n rhaid i ni fynd i Ffrainc a gorffen y job.'

Mae'r gair 'brodyr' yn hollbwysig yn y frawddeg yna gan Bale. Mi fyddai'n hawdd yn yr oes fodern i un o fawrion y gêm boeni mwy am ei glwb na'i wlad. Dyna oedd y patrwm flynyddoedd yn ôl. Ond mae Bale wedi troi'r darlun ar ei ben yn llwyr. Mae hi'n amlwg beth sy'n dod gyntaf iddo – Cymru. Anghofiwch am y miliynau o bunnoedd yn y banc, yr awyren breifat a'r Ferraris cyflym. Mae Bale eisiau bod gartref gyda'i ffrindiau – gyda'i frodyr pêl-droed. Mae'n un o sêr mwyaf y byd pêl-droed – ond gyda Chymru mae'n un o'r criw. Ac mae'r criw yma wedi tyfu gyda'i gilydd. Dechreuodd y daith iddyn nhw yn y timau ieuenctid ac yna fe ddaethon nhw drwy'r system genedlaethol. Erbyn i Bale a Ramsey a'r gweddill ddechrau chwarae i'r tîm dan 21, roedd yna sibrydion bod yna genhedlaeth arbennig iawn yn barod i danio'r Dreigiau.

Y genhedlaeth euraid.

Daeth cyfle cynta'r rhan fwyaf yn y tîm cyntaf yng nghyfnod John Toshack, fel y soniais. Ar ôl etifeddu tîm oedd yn heneiddio yn dilyn cyfnod Mark Hughes, trodd Tosh at y to ifanc. Y criw cyffrous yma oedd yn ganolbwynt i weledigaeth

Gary Speed. Dyma'r cyfnod pan ddechreuodd pawb gredu bod rhywbeth arbennig ar y gorwel.

Ond roedd yna rywbeth mwy ar y gorwel. Trasiedi go iawn.

Pan fu farw Speed ar y 27ain o Dachwedd 2011 roedd y tîm cenedlaethol ar garlam.

Daeth y cyfan i ben dros nos. Roedd y chwaraewyr ifanc yma oedd wedi datblygu a thyfu gyda'i gilydd yn awr yn galaru gyda'i gilydd. Mae'r ffaith eu bod nhw wedyn yn dathlu gyda'i gilydd yn arwydd o'r cymeriad cryf sydd yn y garfan ac o arweiniad cadarn Chris Coleman. Cafodd Coleman ei benodi i'r swydd yn ystod y cyfnod tywyllaf erioed i'r gêm yn ein gwlad. Mae ef ei hun wedi cyfaddef nad oedd neb eisiau ei weld yno. Doedd Coleman ddim eisiau'r swydd. Doedd y chwaraewyr a'r Gymdeithas Bêl-droed ddim eisiau Coleman.

Roedd pawb eisiau Gary Speed.

Ond yn araf bach ac yn dawel bach, tyfodd ei statws. Tyfodd y parch tuag ato. Mae pêl-droed yn syml yn y bôn. Gallwch drafod tactegau a chynlluniau hyd syrffed, ond y gamp fwyaf i unrhyw reolwr yw sicrhau bod y chwaraewyr yn ei barchu. Mae canlyniadau hynny'n amlwg i bawb sy'n gwylio Cymru.

Roedd pawb yn wên o glust i glust cyn y gêm

yn erbyn Andorra. A bod yn fanwl gywir roedd gan bawb ryw wên fach hurt ar eu hwynebau; pawb yn edrych fel y ffyliaid hapusaf yn y byd. Roedd hi'n gyfle i gwrdd â hen ffrindiau a chanu'r hen ganeuon – heb boeni dim am y canlyniad. Nid am y tro cyntaf, roedd Cymru yn chwarae'r gêm olaf yn y grŵp a doedd y canlyniad ddim yn bwysig – ond y tro yma roedd y rheswm yn hollol wahanol.

Gyda'r Super Furry Animals yn canu ambell glasur cyn y gêm, roedd y llwyfan wedi ei osod. Mae'r band pres y 'Barry Horns' wedi tyfu'n gymeriadau poblogaidd yn ystod y gêmau diweddar hefyd, ac mae eu caneuon i'r chwaraewyr wedi cydio yn nychymyg y cefnogwyr. Pwy feddyliai y byddai'r gân 'Push It' gan Salt-N-Pepa o'r 80au yn awr yn anthem i Hal Robson-Kanu? Neu un o hen ganeuon Chaka Khan yn awr yn cael ei bloeddio gan y cefnogwyr? Ond eto, mae 'Ain't nobody like Joe Ledley' yn gweithio'n berffaith!

Diolch byth bod yna hen ddigon o hwyl o gwmpas y stadiwm achos doedd y gêm ddim yn glasur. Doedd neb yn poeni llawer am y canlyniad na'r perfformiad, ac roedd hi'n amlwg bod gorchestion yr ymgyrch yn dechrau cael effaith ar y chwaraewyr.

Dangosodd Andorra eto eu bod nhw'n

benderfynol ac yn effeithiol. Mae'r ffaith bod saith o'u chwaraewyr wedi derbyn cardiau melyn yn dweud y cyfan. Daeth y goliau yn yr ail hanner – Aaron Ramsey yn taro ar ôl i'r gôl-geidwad arbed peniad Ashley Williams. Ac i goroni'r cyfan sgoriodd Gareth Bale ail gôl funudau cyn y diwedd.

Dyna oedd ei seithfed yn ystod yr ymgyrch. Daeth ei gôl gyntaf yn Andorra wrth iddo achub Cymru yn y gêm gyntaf un. Roedd hi'n gwbl addas mai fe sgoriodd y gôl olaf hefyd.

Wedi'r gêm dechreuodd y parti. Efallai fod y chwaraewyr wedi gadael y cae ond doedd neb yn gadael y stadiwm. Fesul un daeth pob chwaraewr yn ôl i'r cae i dderbyn cymeradwyaeth y cefnogwyr. Roedd pawb wedi gwisgo crysaut newydd gydag un gair ar y blaen – 'Diolch'. Mewn un weithred roedd y Gymdeithas Bêl-droed wedi gwneud mwy i hybu'r iaith Gymraeg nag unrhyw ymgyrch neu brotest. Ac wrth i'r garfan a'r hyfforddwyr ymgasglu ar y llwyfan bach yng nghanol y cae, taniwyd y tân gwyllt, gan danio dychymyg cenhedlaeth newydd o gefnogwyr pêl-droed.

Carped coch i'r Cochion – gwên a siampên yn lle siom!

Roedd cefnogwyr Cymru wedi treulio'r blynyddoedd diwethaf yn byw yn y gorffennol. A pham lai? Roedd yn dipyn gwell na'r presennol. Rydym wedi codi campau cewri 1958 i ryw Dir na n-Og chwedlonol. Rydym wedi rhoi'r bai ar bopeth – ar fraich Joe Jordan ac ar Paul Bodin yn taro'r bar. Ond mae'r hyn a ddigwyddodd dros yr ymgyrch ar gyfer Ewro 2016 wedi newid hynny am byth.

Y dyfodol sy'n bwysig nawr.

Mae'r rhif 13 yn anlwcus yn ôl llawer ond roedd yr 13 mis diwethaf wedi bod yn wefreiddiol i Gymru. Ar ddechrau'r grŵp roedd yna deimlad bod gobaith cyrraedd y gêmau ail gyfle petai popeth yn mynd yn dda. Ond roedd tîm Chris Coleman wedi chwalu'r holl amheuon a chodi calon cenedl.

Anghofiwch am y gêmau ail gyfle – roedd Cymru'n mynd yn syth i Ffrainc, ar ôl gorffen yn ail yn y grŵp.

Un gêm yn unig roedd y tîm wedi'i cholli, gan ildio pedair gôl – record amddiffynnol ryfeddol. Wrth gwrs bod goliau a pherfformiadau Gareth Bale yn bwysig, ond roedd pawb wedi cyfrannu i'r llwyddiant yma.

Nid Cymru oedd yr unig wlad oedd yn paratoi i chwarae ym Mhencampwriaeth Ewrop am y tro cyntaf chwaith. Roedd Gogledd Iwerddon, Gwlad yr Iâ ac Albania hefyd wedi creu hanes.

Roedd Ffrainc yn paratoi ar gyfer parti pêl-droed enfawr ac roedd angen i'r hen enwau mawr traddodiadol ddechrau poeni.

Daw dydd y bydd mawr y rhai bychain? Roedd y dydd hwnnw wedi cyrraedd i Gymru – o'r diwedd.

13/10/15

Gwlad Belg	3–1	Israel
Cyprus	2–3	Bosnia & Herzegovina
Cymru	2–0	Andorra

Pwyntiau Terfynol Grŵp B

Gwlad Belg	23
Cymru	21
Bosnia & Herzegovina	17
Israel	13
Cyprus	12
Andorra	0

*

Ddau fis yn ddiweddarach ac roedd hi'n amser trefnu'r grwpiau a'r gêmau ar gyfer Ewro 2016. Roedd y gêmau ail gyfle wedi dod i ben wrth i Iwcrain, Hwngari, Sweden a Gweriniaeth Iwerddon ymuno â Chymru a gweddill y gwledydd yn Ffrainc.

Dechreuodd y daith gyda seremoni fawreddog

i drefnu'r grwpiau rhagbrofol yn heulwen Nice. Ond roedd yna gysgod dros y seremoni ym Mharis y tro yma oherwydd y digwyddiadau terfysgol ym mhrifddinas Ffrainc. Roedd y ddinas mewn sioc yn dilyn ymosodiadau erchyll fis yn gynharach ac roedd mesurau diogelwch llym yn eu lle.

Yn ogystal ag ymosod ar fwytai a chyngerdd roc, roedd y terfysgwyr wedi targedu gêm bêldroed rhwng Ffrainc a'r Almaen. Roedd rhai hyd yn oed wedi holi a oedd hi'n ddiogel cynnal y gystadleuaeth yn y wlad o gwbl. Ond, er gwaetha'r bygythiad, roedd yna benderfyniad hefyd fod y sioe'n mynd yn ei blaen.

Roedd cefnogwyr Cymru wedi treulio wythnosau yn dadansoddi'r opsiynau o safbwynt beth fyddai'r grŵp gorau a'r gwaethaf o ran gobeithion y tîm. Gan fod Cymru, Gogledd Iwerddon a Gweriniaeth Iwerddon wedi eu gosod ymysg y detholion isaf ym Mhot 4, doedd dim modd i'r gwledydd yma gwrdd â'i gilydd. Ac roedd llygaid pawb ar Bot 1, gyda'r enwau mawr, gan gynnwys Lloegr.

Roedd llawer wedi holi Chris Coleman cyn y seremoni a oedd e eisiau chwarae yn erbyn Lloegr. 'Dim diolch' oedd ei ateb bob tro, nid oherwydd eu cryfder ar y cae ond oherwydd yr holl syrcas a fyddai o gwmpas gêm mor fawr.

Ond dyna'n union ddigwyddodd.

Cafodd Cymru eu gosod yng Ngrŵp B – wrth ochr Lloegr, Rwsia a Slofacia.

Anodd, ond ymhell o fod yn amhosib.

Slofacia yn Bordeaux yw'r gêm gyntaf, cyn teithio i Lens yn y gogledd i gwrdd â Lloegr. Yn ôl i'r de wedyn i Toulouse i wynebu Rwsia – cyfle i ddial o'r diwedd ar ôl colli gêmau ail gyfle Ewro 2004 yn eu herbyn dros ddegawd yn ôl.

Ond er yr holl sylw ar y Saeson, y dyddiad pwysig yw dydd Sadwrn, yr 11eg o Fehefin – y gêm gyntaf yn erbyn Slofacia. A'r gêm fwyaf yn hanes tîm pêl-droed Cymru ers 1958.

Rhestr termau

amddiffynnwr = defender
amser ychwanegol = extra time
anafiadau = injuries
asgellwr = winger
buddugoliaeth = victory
camsefyll = to be offside
canol cae = midfield
carfan = squad
cefnogwr = supporter
cic o'r smotyn = penalty
cwrt cosbi = penalty area
cynghrair = league
detholion = seeded teams
dyfarnwr = referee
eilydd = substitute
gêm ail gyfle = play-off
gohebydd = reporter
gôl-geidwad = goalkeeper
grŵp rhagbrofol = qualifying group
gwaharddiad = ban
gwrthwynebwyr = opposition
gwrthymosod = to counter-attack
hyfforddwr / rheolwr = coach / manager
Pencampwriaeth = Championship
peniad = header

sodliad = back-heel
sylwebaeth = commentary
uchafbwynt = highlight
Uwchgynghrair = Premiership
ymgyrch = campaign
ymosodwr = attacker
ymwelwyr = visitors

Hefyd yn y gyfres:

Stori
Sydyn

£1
yn unig

Aled a'r Fedal Aur

Aled Sion Davies

y Lolfa

Llongyfarchiadau ar gwblhau
un o lyfrau Stori Sydyn 2016

Mae prosiect Stori Sydyn, sy'n cynnwys llyfrau bachog a byr, wedi'i gynllunio er mwyn denu darllenwyr yn ôl i'r arfer o ddarllen, a gwneud hynny er mwynhad. Gobeithiwn, felly, eich bod wedi mwynhau'r llyfr hwn.

Hoffi rhannu?

Gall eich barn chi wneud y prosiect hwn yn well. Nawr eich bod wedi darllen un o lyfrau'r gyfres Stori Sydyn, ewch i www.darllencymru.org.uk i roi eich sylwadau neu defnyddiwch #storisydyn2016 ar Twitter.

Pam dewis y llyfr hwn?

Beth oeddech chi'n ei hoffi am y llyfr?

Beth yw eich barn am y gyfres Stori Sydyn?

Pa Stori Sydyn hoffech chi ei gweld yn y dyfodol?

Beth nesaf?

Nawr eich bod wedi gorffen un llyfr Stori Sydyn – beth am ddarllen un arall? Edrychwch am deitl arall cyfres Stori Sydyn 2016.

Y Gosb
– Geraint Evans